DANEM-SE OS NORMAIS

JOÃO ESTRELLA DE BETTENCOURT
E MARIANA TORRES

DANEM-SE OS NORMAIS

A HISTÓRIA DE SILA DA CONCEIÇÃO,
O EX-BATEDOR DE CARTEIRAS QUE SE TRANSFORMOU
NUM GRANDE EMPREENDEDOR

RARA

Casa da Palavra

Este livro foi revisado segundo o Novo Acordo Ortográfico da Língua Portuguesa.

Curadoria
Ricardo Amaral

Copidesque
Carolina Leal

Revisão
Mariana Moura

Capa
Babilonia Cultura Editorial

Projeto gráfico de miolo e diagramação
Abreu's System

CIP-BRASIL. CATALOGAÇÃO-NA-FONTE
SINDICATO NACIONAL DOS EDITORES DE LIVROS, RJ

B463c

Bettencourt, João Estrella de
Danem-se os normais - a história de Sila da Conceição, o ex-batedor de carteiras que se transformou num grande empreendedor / João Estrella de Bettencourt, Mariana Torres. - 1. ed. - Rio de Janeiro : Casa da Palavra, 2014.
176 p. ; 21 cm.

ISBN 978-85-7734-472-7

1. Conceição, Sila da. 2. Homens - Brasil - Biografia. I. Torres, Mariana. II. Título.

14-10969 CDD: 920.71
CDU: 929-055.1

CASA DA PALAVRA PRODUÇÃO EDITORIAL
Av. Calógeras, 6, 1.001 – Rio de Janeiro – RJ – 20030-070
21.2222-3167 21.2224-7461
divulga@casadapalavra.com.br
www.casadapalavra.com.br

Sumário

1

Cheiro do Pará, a mãe, a casa, a rua

O piloto tinha acabado de anunciar o início dos procedimentos de pouso, mas o tempo nublado o impedia de admirar o céu de Miami, costume que havia adquirido nos últimos anos. Um pequeno ritual de chegada. Ou de passagem.

Não ficara incomodado com a turbulência no meio do voo, que fez as malas desabarem do teto e algumas crianças – alguns adultos também – darem gritos agudos e nervosos. Na verdade não ligava para turbulências e não tinha medo de voar. Geralmente aproveitava para dormir – quase não dormia em terra – e trabalhar – o que fazia praticamente 24 horas por dia, até em sonho.

Naquela ocasião usara parte do tempo de voo para planejar uma série de mudanças nas frotas de táxis que tinha passado para o nome dos filhos, em Belém do Pará. Antes de embarcar para os Estados Unidos analisara minuciosamente o balanço das empresas nos últimos dois anos e decidira intervir. Agora, enquanto ouvia o barulho abafado e mecânico do trem de pouso do Boeing 767, que parecia se abrir repetidamente, terminava de costurar, com uma mistura de satisfação e apreensão, um "golpe de mestre" para resolver o problema.

Sabia que ia magoar pessoas que amava profundamente, mas, acima de tudo, tinha convicção de que precisava fazer valer a sua lei.

Ainda pensava na volta ao Brasil, antecipando reações, mágoas e imposições, quando sentiu o baque nada sutil da aeronave entrando em contato com o solo. Observou o movimento e ouviu as conversas distraídas dos demais passageiros, animados com a chegada, e, ágil, retirou o cinto de segurança. Levantou-se para alcançar sua mala antes que se formasse a inevitável fila de pessoas amontoando-se voluntariamente.

Ao desembarcar, deu um sorriso cândido e disfarçadamente malandro para a aeromoça, que lhe agradecia a preferência e o exortava a utilizar sempre aquela companhia aérea. Teve vontade de dizer que ela era linda, mas achou melhor deixar para outra vez. Não gostava de fazer elogios correndo, sem ver o efeito que causavam no elogiado.

Ao cruzar o túnel transparente que ligava o avião à vida real, sentia-se em outro planeta. As mensagens ininterruptas que ecoavam dos alto-falantes lhe traziam certo conforto, como se, em vez de horários de voos e alertas de atrasos, aquelas palavras em inglês anunciassem sua liberdade.

Nos Estados Unidos podia fazer aquilo de que mais gostava – segundo muitos, a única coisa de que gostava: avançar. Podia dar vazão à sua natureza inquieta, ao seu desejo de, como um tubarão, mover-se em busca da próxima presa.

Reparava nos aspectos modernos e bem-cuidados do aeroporto. Preferia as construções novas às antigas, mesmo as de valor histórico. O mundo, assim como ele, não podia ficar preso ao passado. Além disso, fazia, com orgulho, um paralelo entre o apreço norte-americano pela modernidade e as próprias crenças profissionais.

Dessa visão e das fantasias que carregava desde menino, nasceu o objetivo, que ora perseguia, de ter a cidadania americana e conquistar aquele país. A bem da verdade, queria ter uma base no exterior e chegara a tentar a Alemanha, lugar que admirava, mas acabou achando o país menos adequado aos seus interesses.

Foi então que, com incontida satisfação, viu a porta automática se abrir diante de sua aproximação. Recebeu uma lufada de ar frio no rosto – era inverno e havia chovido durante toda a semana anterior. Respirou fundo, adaptando-se ao clima, e buscou com um olhar o Mercedes-Benz branco. Não fazia questão de carros ou roupas caras, mas o Mercedes fora uma concessão a si mesmo, amplamente facilitada pelo fato de que, nos Estados Unidos, o preço do veículo era muito mais em conta que no Brasil.

Como que respondendo ao chamado, Marcela estacionava o carro à sua esquerda. Ao percebê-lo esperando, ela deu um curto toque na buzina, suficiente para que ele a identificasse e se encaminhasse ao seu encontro.

– Oi, *pai*, fez boa viagem?

– Ô, meu amor, a viagem ficou boa agora que te encontrei! Você sabe que eu tava com tanta saudade que nem senti o avião balançando...

– Tá certo, Sila, quem ouve até acredita.

– Que é isso, Marcela, não me maltrata assim, não! Vim o voo todo pensando em você.

Marcela se fazia de durona, implicava, mas adorava o jeito galanteador do marido. Sila era incorrigível, e ela, que o conhecia há quase vinte e cinco anos, sabia disso. Entre juras de amor, ironias bem-humoradas e conversas sobre as reformas que fariam no apartamento recém-comprado em Aventura, a vinte minutos do Centro de Miami, o percurso para casa, quase todo através da rodovia 95, foi rápido e agradável.

Chegaram às 13h ao bonito prédio da Crystal Lake Drive, rua localizada em área calma e exclusivamente residencial de Deerfield Beach. Sila estava satisfeito por ainda dispor de parte considerável do dia para, com a ajuda de Marcela, tratar de negócios pendentes. Subiu as escadas fazendo suaves carinhos na esposa, elogiou o vestido e o casaco que ela usava e, não resistindo a uma brincadeira, perguntou se o "visual" não tinha custado muito caro.

Combinaram deixar as malas no apartamento, tomar um banho e partir em um tour por algumas lojas de construção, para avaliar materiais que utilizariam na reforma do novo imóvel, com vista para o mar. Ao entrarem em casa, Marcela lhe deu um beijo e dirigiu-se ao quarto, deixando-o sozinho na espaçosa sala, decorada por ele mesmo com móveis contemporâneos.

Sila, ao mesmo tempo em que religava o celular – esquecera de fazê-lo ao sair do avião – decidiu sentar-se por um minuto e observar a paisagem. Embora não apreciasse – e mesmo se irritasse – com qualquer nostalgia, às vezes era invadido involuntariamente pela estupefação face à sua própria trajetória de vida.

Quem poderia imaginar que o menino que vendia tapioca no Ver-o-Peso para ajudar a mãe e os irmãos estaria um dia sentado ali, dominando a impressionante vista do Lago Sailboat, que se estendia aos pés de sua janela?

Nascida no município de Iguatu, sertão central do Ceará, em 2 de fevereiro de 1922, Maria Augusta da Silva Conceição mudou-se para Belém do Pará ainda jovem, aos 21 anos de idade. Perdera o pai cedo e, sendo a mais velha de sete irmãos, enfrentara a penúria nordestina. A mãe foi sua grande referência de autoridade. Com ela aprendeu o trabalho duro, com ela aprendeu a fé em Deus. Cresceu admirando-a e respeitando-a.

Casou-se aos 18 anos. Sonhava com um futuro mais próspero, um canto onde houvesse emprego fixo. "Para sobreviver melhor", dizia aos irmãos. As palavras ecoavam sua infância e juventude. Queria ir embora do Ceará não para fazer fortuna ou descobrir o mundo. Queria alguma estabilidade. Alguma esperança. Em busca de uma outra vida, mesmo que pobre, a jovem cearense enfrentaria a vontade do marido.

Antônio Cosme, cinco anos mais velho, não dava trela quando a mulher lhe falava que estava juntando dinheiro para mudar de cidade. Era um homem sem ambição, preso ao hábito. Aceitava a pobreza e a falta de chances para a família como algo natural. Para ele, as coisas eram como tinham que ser.

Ao contrário do marido, Augusta não se contentava com a miséria. Pretendia dar aos filhos mais do que a mãe, com muito esforço, havia lhe dado. Sem alarde, pacientemente, ia fazendo seu pé-de-meia: trabalhava na roça, em casa de família, cozinhava para fora. Candidatava-se a todo serviço que aparecia. Aquilo que não sabia, aprendia. Desde cedo percebia que é preciso agarrar com força as oportunidades, porque nem sempre se tem uma segunda chance.

Em 7 de setembro de 1942, nasceu a primeira filha do casal, Tereza da Silva Cosme. O desejo de mudança bateu de vez em Augusta. Se Deus lhe dera a coragem e a determinação, tinha de segui-las.

– Antônio, já avisei minha mãe e meus irmãos: vou embora pra Belém do Pará ainda essa semana.

– Mania de inventar moda, Augusta! Pra que essa história? Aqui a gente vai vivendo, lá como é que vai ser?

– Não sei, mas vou descobrir. O dinheiro que eu juntei dá pra comprar três passagens. Você vem comigo ou fica?

Diante da decisão da mulher, Antônio não teve alternativa. Juntos, no dia 22 de junho de 1943, Augusta, o marido e a pequena Tereza embarcaram em uma longa viagem de ônibus rumo à terra do Círio de Nazaré, maior procissão católica do Brasil. A infância fora a luta permanente para pôr comida na mesa, a luta que tomara o lugar de bonecas, doces e comemorações, a luta que continuara com o casamento e o nascimento da filha. Enfrentar o desconhecido seria apenas uma nova batalha.

No entanto, se no Ceará a vida era complicada, em Belém também não se mostrava fácil. Antônio, Augusta e Tereza foram morar no bairro de Sacramenta. Augusta cuidava do marido e da filha e ainda trabalhava dia e noite para pôr dinheiro em casa. Antônio, por sua vez, tinha dificuldade em se adaptar à nova cidade. Não conseguia emprego e rapidamente desanimou.

Após um ano sustentando a família praticamente sozinha e diante da passividade do marido, Augusta resolveu deixá-lo. Ele não queria pegar no batente e ela não tinha vocação para ficar bancando homem nenhum. Separaram-se e, com objetivos muito diferentes, apesar da origem comum, perderam contato. Em alguns meses soube que Antônio Cosme havia morrido. A filha e a peleja diária impediam lamentações. Augusta não parava um segundo: lavava roupa para fora, cozinhava, costurava, fazia faxina. Sua religiosidade tornava-se mais intensa, mais profunda. Voltou-se para a crença evangélica, que jamais abandonaria. Das orações retirava a força para seguir em frente.

Foi justamente na igreja do bairro onde vivia que, após cinco anos solteira, conheceu José Rodrigues da Conceição, com quem começou a namorar, partilhar desassossegos, encontrar carinho em meio às obrigações. Casaram-se.

Ao lado do segundo marido, Augusta levava uma vida mais regrada: os dois acordavam cedo, ao nascer do dia, deixavam a filha com alguma vizinha e partiam atrás de serviço. À noite, rezavam e agradeciam por ter o que comer – algo que nem sempre acontecia. Ao todo, tiveram seis filhos: Isaías, Sila, Sueli, Eliseu, Paulo e João. Tereza também chamava José Rodrigues de pai, já que convivera com Antônio Cosme por pouco tempo.

Isaías nasceu em 1950 e, no ano seguinte, Augusta deu à luz Sila. Sila da Silva Conceição. Foi na manhã do dia 16 de junho de 1951, ela acordara indisposta, o que raramente ocorria. Levantou-se da cama com o cuidado natural de uma mulher grávida de nove meses.

– Me ajude aqui, José, que a barriga tá pesada.

– Quer que eu peça pra Tereza passar o café?

– Deixe, deixe que eu mesma faço.

Não houve tempo para mais nada: Sila anunciava seu jeito impaciente, e Augusta teve de correr para o hospital com o marido. O parto, entretanto, foi tranquilo, sem complicações. Ao ver o filho pela primeira vez, olhou fundo em seus olhos e sentiu um arrepio. "Meu coração não se engana: Deus te fez especial", pensou. Intuição de mãe.

A cumplicidade entre os dois estabeleceu-se nesse arrepio, e só faria aumentar. O menino lhe dedicava verdadeira adoração – adoração que rapidamente se transformaria em revolta por ver a mãe sofrendo com a falta de dinheiro.

Apesar do empenho de Augusta, Sila repetiu sua história. Como ela, nunca soube o que eram festas de aniversário, Natal ou ano-novo. Não frequentou a escola. Não ganhava presentes – não havia como comprá-los – e não era capaz nem sequer de sonhar com brinquedos. A diversão nessa época era quase nenhuma: correr atrás dos cachorros pelas ruelas de Sacramenta ou jogar futebol com os vizinhos utilizando um limão-galego – ninguém tinha uma bola de verdade. Ainda assim, eram momentos esporádicos, tanto pela necessidade de trabalhar quanto pela fiscalização materna. Augusta não gostava de ver os filhos na rua, queria todos dentro de casa.

O amor intenso pelas crianças, seu apoio, sua família, combinava-se ao medo. Desobediências, por menores que fossem, eram inadmissíveis. Para Sila, Tereza, Isaías, Sueli, Eliseu, Paulo e João, a rédea era curta. De preferência, trabalho e igreja.

Os irmãos queixavam-se, lutavam por autonomia, principalmente Sila. Augusta batia o pé. Para o bem deles.

Do pai, Sila herdou poucas referências. Depois do nascimento das crianças, José Rodrigues passou a beber. Muito. Para desespero de Augusta, o marido largou a igreja e parou de trabalhar. Transformou-se em um homem pouco afetuoso, afastado da família. Agressivo.

Com cinco anos, em uma das raras escapadas para brincar na rua, Sila soltava foguetinhos com alguns meninos de Sacramenta, animado com a barulheira das explosões e a confusão. O pai irritou-se. Bateu-lhe até dizer chega. Por essa mesma época, ajudando nas tarefas domésticas, o menino pôs pó de café no recipiente de açúcar. Bem pior que os foguetinhos. A punição foi ter o pote de vidro quebrado em seu rosto, que ardeu enquanto o sangue escorria.

José Rodrigues morreu em 1958, quando Sila tinha 7 anos. Ninguém na família soube ao certo a causa da morte. Soube-se apenas que ele havia sido "vítima de doença" durante viagem a Manaus, sua cidade natal. Com o falecimento do segundo marido, Augusta novamente desempenhava o papel de mãe e pai, só que agora o número de filhos tinha aumentado. Sem escolha e obstinada, ergueu a cabeça e foi adiante.

Certa noite, Sila adormeceu no sofá. Um barulho no pequeno cômodo que servia de cozinha acordou-o, e ele, com os olhos pesados, foi ver o que era: Augusta contava as poucas moedas guardadas num pote de barro, o cofre da casa. Estava sozinha, cabisbaixa, o olhar perdido. Aquela imagem o paralisou. Como num susto, Sila despertou. Permaneceu em silêncio, recostado à porta, olhando a mãe. Contemplou-a por alguns minutos e decidiu se deitar. Mal dormiu. A cabeça a mil por hora.

– Meu Deus, eu tenho que tirar minha mãe dessa vida, eu tenho. Faço o que tiver que fazer pra tirar minha mãe dessa vida.

Não percebeu, mas pensava alto, e acabou acordando o irmão Eliseu, que dormia ao seu lado.

– Tá falando com quem, Sila?

– Comigo mesmo.

Ao longo dos anos, Sila manteria o hábito de falar sozinho e o compromisso de dar outra vida a Augusta, sem privações, com tudo do bom e do melhor, como ela merecia.

A rotina de trabalho não se alterou com a morte do pai. Augusta preparava o café da manhã – como se houvesse o que preparar – enquanto Sila e Tereza separavam roupas em sacos enormes nos fundos da casa: de um lado, as limpas; de outro, as sujas. Tudo arrumado, nó firme em cada saco, e lá iam os dois irmãos, com as trouxas na cabeça, para mais uma jornada.

– Bênção, minha mãe. Bom dia pra senhora.

– Vai com Deus, filho. Presta atenção no teu irmão na hora de atravessar a rua, Tereza. Essa trouxa de roupa é maior que ele!

Tereza ajudava no sustento da casa e, mais velha, tomava conta dos irmãos quando preciso. Com treze anos, já trabalhava em casa de família. Como Sila, angustiava-se por Augusta. Na hora do almoço, fornecido pela patroa, sentia-se culpada por ter o que comer – sabia que sua mãe, com certeza, estava com fome. Chegou a perguntar se podia levar seu prato de comida para casa.

Augusta e os filhos passavam semanas e semanas sem acender o fogo para cozinhar por falta de dinheiro para comprar fósforos. A máxima felicidade, o que desejavam antes de adormecer, se resumia a ter o que comer no dia seguinte.

Para amenizar a fome dos filhos, Augusta misturava um pouquinho de água com mel e dava, de colher, na boca de cada um. Estava longe do que sonhara quando deixou o Ceará. Mas nunca pensou em voltar. Adaptara-se a Belém e preferia as dificuldades que ora enfrentava às que experimentara no passado. Acreditava na sua decisão e insistia nela. A coragem é o único bem que não pode ser tomado.

Era uma manhã de sol e, com a trouxa de roupa na cabeça, Sila caminhava lado a lado com a irmã, quieto, procurando manter o equilíbrio. Volta e meia, o pensamento o remetia involuntariamente ao momento em que flagrara os olhos marejados da mãe. Deixou as roupas limpas na casa da patroa de Tereza, perto da Praça da República, no coração de Belém, despediu-se da irmã e partiu, sem rumo. Decidiu caminhar pela Avenida Nazaré, via nobre e tradicional da capital paraense. Num impulso, sem nem mesmo entender muito bem o que fazia, parou uma senhora que caminhava apressada.

– A senhora tem um trocado pra me arrumar?

Para surpresa do menino, a mulher abriu a bolsa e lhe deu algumas moedas. Sila agradeceu, entusiasmado. Passou metade do dia pedindo dinheiro na suntuosa avenida. Ganhou mais do que podia esperar e voltou para casa radiante, imaginando a reação da mãe ao ver aquela fortuna. Entrou na sala feito um cometa, aos gritos.

– Mãe! Mãe!

– Que gritaria é essa, menino?

Sila abriu as mãos, mal contendo a alegria. Augusta se assustou ao ver o que ele trazia.

– Onde você conseguiu isso, Sila?

– Pedi na rua, mãe, e aí eles me davam. Toma, é tudo pra senhora!

Augusta não sabia como reagir. Se por um lado a atitude deixou-a comovida – e o dinheiro seria útil –, por outro era difícil aceitar que Sila, com apenas sete anos, havia passado o dia pedindo esmola. O silêncio da mãe inquietou o garoto.

– Fiz coisa errada, mãe?

– Não gosto que você fique pela rua, já te disse mil vezes. Ainda mais pedindo dinheiro pros outros.

– Mas é pra ajudar a senhora...

– Meu filho, o que faz a gente melhorar de vida é trabalhar.

– Então a senhora vai ver: eu vou trabalhar, vou melhorar de vida e nunca mais a senhora vai passar fome.

Augusta, mesmo com seu gênio inflexível, avesso a afagos, sorriu com a firmeza do filho de sete anos, com a resposta na ponta da língua. Sila leu a expressão da mãe e animou-se a continuar.

– Sabe no que eu pensei, mãe? Em vender suas tapiocas lá no Centro da cidade. A senhora duvida que eu *consigo* ganhar um bom dinheiro?

Augusta não duvidava. O comportamento de Sila sempre destoara dos demais. De forma estranha, até. Agitado, inventivo, era uma criança que construía ideias para substituir brinquedos. Os irmãos trabalhavam e ajudavam como podiam, mas Sila tinha uma força de vontade desconcertante – e inconformada. Não se conformava com a pobreza. A pobreza era a falta de comida, a falta de roupa, a falta de fósforos. A pobreza não era para ele.

O desejo de uma vida melhor que motivara a mãe a sair do Nordeste se transformava, no menino, em confiança férrea. Uma confiança ingênua e, por isso mesmo, avassaladora, movida pela recusa de ser apenas mais um. Apenas mais um a perambular pelas ruas, entregue à miséria.

Sila, como a mãe, sonhava, mas seus sonhos o levavam para outras dimensões, outro mundo, um mundo que ninguém seria capaz de destruir. O mundo que ele comandaria. O mundo dos conquistadores, não dos soldados.

A conversa com a mãe marcou uma nova fase para Sila. Precoce e decidido a mudar de vida, recusava paulatinamente os limites que lhe eram impostos. As armadilhas da rua o atraíam, para desespero de Augusta, incapaz de controlá-lo.

Fazia de tudo um pouco: pedia esmola, vendia tapioca e pupunha nos principais cartões-postais da cidade e amendoim torrado nas portas de cinema, carregava mercadoria, fazia faxina, ajudava a vender peixe nos talhos – como são chamadas as barracas do Ver-o-Peso, o famoso mercado da capital do Pará.

Sila andava descalço pelas vielas de Belém e sabia de cor os atalhos da cidade, que passou a conhecer como a palma da própria mão. Aprendia sem nunca ter entrado numa sala de aula ou tido contato com um professor. A imensidão desafiadora da rua se tornou sua escola. E sua casa.

Seu ponto preferido era justamente o Ver-o-Peso, uma das principais feiras livres da América Latina, ícone do Pará e da Região Norte do país, localizado na área da Cidade Velha. Ali, com o cheiro de peixe misturando-se ao aroma das ervas paraenses, formou, pela primeira vez, uma turma de amigos. Além de fazer bicos para os donos dos talhos, teve a iniciativa de vender diariamente os quitutes preparados pela mãe. Entendeu rapidamente que tinha tino para o negócio. Aproximava-se dos fregueses com um sorriso no rosto.

– Tapioca melhor do que essa não tem em lugar nenhum do Pará! Quer provar, madame?

– Quanto custa, menino?

– Na minha mão é duas pelo preço de uma.

Sila se divertia. Era melhor do que ficar em casa – menos cobranças, mais resultados. E cada trocado que arranjava para a mãe era uma vitória.

Numa ocasião, com a bandeja de tapioca nas mãos, sentou-se na muretinha às margens da Baía do Guajará. A chuva de fim de tarde, característica da região, já havia caído. Contou o dinheiro que tinha conseguido e o guardou no bolso. Reparou na sandália gasta, na sujeira dos pés. Reparou nos barcos ancorados, nas águas do rio, no movimento habitual daquele tradicional ponto turístico. Gostava do vento batendo em seu rosto, gostava de não ter satisfações a dar. Sentia-se forte, invencível. Um homem.

Sacudido pelo contraste entre seus projetos e sua figura de menino de roupas velhas que se perdia na vista do rio, declamou em alto e bom som uma frase carregada do simbolismo da infância:

– Quando eu crescer, quero ser um homem de terno e gravata!

Achou graça daquela imagem, do futuro que inventava, e riu. Um riso alto e despreocupado.

O momento de descontração passou de imediato quando percebeu, a uns quinhentos metros de distância, uma cena que, assim como a visão da mãe contando moedas, o magnetizou.

Um homem com menos de trinta anos de idade, magro e bem-vestido, olhava fixamente para uma senhora com jeito de turista que, sozinha, batia fotos da cidade. Quase imperceptivelmente, o jovem boa-pinta escorregou a mão para dentro do bolso esquerdo da mulher e puxou um envelope que, Sila deduziu, estava cheio de dinheiro. Descarado, ele ainda perguntou as horas. Sua distraída vítima, encantada com a beleza do lugar, não tinha percebido que acabara de ser roubada e respondeu gentilmente, mostrando o relógio ao seu algoz. Por fim, o homem saiu caminhando com toda a calma do mundo. Elegante. Poderoso.

Para o menino, tão pobre quanto curioso, foi um acontecimento. Tudo se passara em câmera lenta: a turista empolgada mexendo em sua máquina, a aproximação sorrateira e habilidosa do ladrão, as conversas paralelas dos transeuntes, o surgimento, mágico, do gordo envelope branco. Nenhuma confusão, nenhuma briga. Ninguém tinha visto ou mesmo pressentido o roubo. Ninguém, somente ele.

Augusta pôs a sopa rala na mesa e chamou as crianças. Era hora do jantar.

– Sabe do Sila, Eliseu?

– Vi lá no Ver-o-Peso.

– Esse menino tá chegando cada vez mais tarde...

A família comeu, os irmãos de Sila foram se deitar, e nada de ele aparecer. Augusta pegou sua Bíblia, que guardava numa pequena e rachada caixa de madeira, perto da janela. Pensou no filho. E rezou. Seria a primeira das muitas vezes que ele não dormiria em casa.

Sila ficava duas, três noites sem aparecer, dormia em casa no dia seguinte, chegava mais cedo no outro dia e logo voltava a dormir fora. Caía onde desse: na casa de um vizinho, de um conhecido, de alguém para quem trabalhasse. Em inúmeras ocasiões, quando não encontrava abrigo melhor, ficava na rua. Conseguia ajudar no sustento da família, geralmente mais do que os outros irmãos. Ganhava pouco, mas cumpria com afinco sua promessa de não deixar Augusta passar necessidades.

A proteção de casa, procurava esquecer. A saudade que apertava, não sentir. Via a mãe trabalhar de sol a sol e continuar na miséria. Via os irmãos, obedientes e esforçados, fazerem os mesmos serviços que ela, seguirem os mesmos caminhos, reféns da mesma sina.

Com orgulho, imitava Augusta em sua coragem, em sua dedicação, em sua força, mas identificava nela um grave defeito: por trás da aparência e dos gestos duros, tinha o coração mole. Deixava-se dominar pelos sentimentos. Os seus sentimentos, Sila amordaçava, disciplinando-os. A idade que tinha no papel, sete, oito, nove, dez anos, se multiplicava com a fome, o cansaço, o medo. Forçava-se a crescer, moldado pelas perdas, pelas derrotas. Se podia suportá-las, podia vencê-las. Com o rigor que as privações forjavam, julgava a família. Amava e julgava. Julgava exatamente porque amava.

Precisava ser diferente – diferente da mãe e de todos. Para mudar de vida, precisava fazer tudo diferente. Não podia remoer sofrimentos, não podia ficar cansado, não podia se abater se não tivesse o que comer ou se fosse obrigado a dormir ao relento. Não podia desistir. Se suas roupas eram velhas e inúteis diante dos paletós da Avenida Nazaré, seu couro teria de ser mais grosso. Seu espírito, mais poderoso. Seu apetite, devorador.

Da mãe, herdara a coragem, os braços, as pernas. Aplicaria esse capital na liberdade. Liberdade de ação, liberdade moral, liberdade da rua. À sua frente, duas opções: ser diferente ou não ser ninguém.

2

Uma vela para Deus, outra para o Diabo

Belém, 1964. Sila corre pelo Centro da cidade ao lado de outros dois meninos. Ofegantes, os três descem alucinadamente a Avenida Presidente Vargas, causando alvoroço entre os passantes. Algumas pessoas os observam, curiosas, outras se esquivam ou se protegem, com medo. Mulheres agarram suas bolsas com olhares de reprovação. Comerciantes gritam e fazem ameaças, voltando para suas lojas quando os garotos se afastam o suficiente para não prejudicar as vendas. Crianças de mãos dadas com as mães riem da confusão, tentadas a se juntar a ela. A turma contorna a praça como um furacão, dobra a direita e tromba – os três ao mesmo tempo – com um vendedor de frutas. Apesar da pressa, Sila ainda encontra tempo para se desculpar pelo estrago na mercadoria do ambulante.

– Mais tarde a gente acerta o prejuízo, irmão!

Eufóricos e perdendo o fôlego, os garotos tentam atravessar a rua, mas a circulação ininterrupta de carros em alta velocidade torna a tarefa quase impossível.

Depois que passara a dedicar parte do dia a vender suas mercadorias na porta dos cinemas de Belém, o que dava um bom retorno, Sila adquiriu o hábito de assistir ao noticiário exibido antes de cada sessão.

Quando todos já tinham entrado na sala de projeção, e não havia mais movimento, ele entrava também. Ficava ali no fundo, quieto, quase escondido. E ia embora quando a sessão começava.

Mesmo quando se descolava um pouco da realidade, não o fazia com histórias ficcionais. As imagens que alimentavam seus sonhos não eram desenhos da Disney, filmes de faroeste, romances apaixonados, e sim as pessoas bem-arrumadas que circulavam como formigas em torno dos enormes prédios da Avenida Paulista ou, em menor medida, as jovens de maiô que perambulavam alegres pelo calçadão de Copacabana. Para Sila, a diversão estaria sempre associada a metas e situações concretas, palpáveis, mensuráveis.

Aquele fim de tarde, contudo, lhe reservara um evento inesperado, estopim da frenética e desabalada corrida pelas ruas de Belém. Seu Pereira, bilheteiro que costumava liberar sua entrada no Olympia, tradicional cinema da capital paraense, tinha perdido o posto – Sila nunca soube se ele se aposentara ou se fora demitido. Seu substituto, um rapaz mais novo e menos compreensivo, se enervara imediatamente ao ver aqueles meninos sujos e malvestidos no salão reservado a clientes de outra estirpe e, tão importante quanto, pagantes. Não se contentara apenas com repreensões verbais e, vestido de terno e gravata, suou a camisa em perseguição aos três.

* * *

Enquanto seus dois amigos pegam a esquerda, Sila se esconde atrás da banca de jornal. Ele tem a respiração ofegante, o corpo suado e o pé sujo, quase em carne viva. Atento, vê o mal-humorado funcionário do Olympia passar batido na direção de seus companheiros e se felicita, maroto: conseguira escapar.

De olho na confusão desde o início, o jornaleiro, único da região, e por isso figura conhecida, rapidamente se aproxima e manda o garoto se afastar dali – é firme, mas já na casa dos sessenta anos, não tem a menor intenção de perseguir o menino, que ademais, ele sabia, era trabalhador, apesar de gostar de um tumulto. Sila nem liga para o tom rude do homem e lhe dá um simpático boa-noite, sem obter resposta. Antes de partir, ainda ajeita a blusa, o cabelo e, virando o rosto para trás sem interromper o passo, faz questão de dar um aceno final para o jornaleiro, que balança a cabeça de um lado para outro, escondendo um esboço de sorriso.

Eram quase sete da noite e Sila combinara de encontrar Tião na venda do Eliodor, ali mesmo no Centro da cidade. Chegou atrasado, e foi logo contando a história da fuga.

– E por que ele saiu correndo atrás de vocês?

– Porque o Marquinho, pra implicar com o sujeito, em vez de ir embora de uma vez resolveu pegar o chapéu de uma velha lá. Aí a mulher quase caiu e deu uma merda federal!

Riram, e Sila pediu mais uma Coca-Cola. Já eram cinco as garrafas enfileiradas no balcão. Eliodor repreendeu-o e perguntou se ele tinha como pagar a conta. Não ligou:

– Porra, Eliodor, eu mereço. Hoje o dia foi foda!

Sete anos haviam transcorrido desde a morte do pai. Sila continuava a ajudar nas despesas da família, mas se afastara definitivamente do convívio com a mãe e os irmãos. Sempre contribuía com dinheiro, e, às vezes, com mantimentos recebidos como pagamento por algum serviço. Respeitava Augusta, ouvia seus conselhos, só que não acatava suas regras. Gostava dos irmãos, mas via suas diferenças acentuarem-se, então acostumara-se tranquilamente com a distância. A infância perdera-se no caminho.

Entre noites na rua, embaixo de marquises ou em terrenos baldios, vasculhando latas de lixos, passara um período sob o teto de um trocador de ônibus chamado Pedro, que tinha seis filhos e uma casa pequena. Em troca de um prato de comida e um canto para dormir, lavava e passava as roupas da família, além de ajudar com as crianças e realizar qualquer tarefa que lhe demandassem. Após um tempo com Pedro, Sila conheceu Palhares, peixeiro do Ver-o-Peso. Já fazia todo tipo de serviço que lhe ofereciam, sabia limpar peixe, limpar chão, lavar roupa. Era a oportunidade de ter algo fixo. Mostrou que era mesmo pau para toda obra e ganhou a confiança do peixeiro, que o chamou para morar com ele e sua esposa, Núbia. Na casa, sua obrigação era encher diariamente alguns camburões de água e encerar o chão da sala aos sábados. Mantinha parte do dia livre para continuar com suas vendas.

Acabou conquistando um espaço maior nos negócios de Palhares que os próprios filhos dele. Era quem acordava mais cedo, quem dormia mais tarde, o único que não reclamava de nada. E, além de tudo, mostrava-se muito competitivo. Obrigava-se a entender rapidamente qualquer trabalho novo que parasse em suas mãos e a fazê-lo melhor do que os outros. Assumiu novas responsabilidades no talho do Ver-o-Peso e, analfabeto, revelou surpreendente habilidade com números. Sufocava o cansaço e as hesitações de tal forma que, para os demais, era impossível detectá-los ou mesmo pressenti-los.

Sila ainda estava no bar do Eliodor com o amigo João quando foi surpreendido pela chegada de uma loira alta, de cabelos lisos. Vestia uma saia curta, vermelha, que deixava expostas suas pernas – longas e altivas. A blusa apertada e branca realçava a cor de sua pele. Sila não conseguia desviar o olhar. Reparou quando ela retocou o batom. Viu-a sorrir quando Eliodor lhe beijou a mão, galanteador. Ouviu-a, atento, quando ela pediu uma dose de cachaça. E apressou-se quando ela retirou um cigarro da pequena bolsa que carregava:

– Posso acender?

– Obrigada. Quantos anos tu tem, menino?

– Treze.

Quinze anos mais velha do que Sila, ela achou graça na ousadia do meninote, mas não lhe deu a menor atenção. Ele respirava cuidadosamente o perfume exagerado. Perdido.

A mulher se levantou e encostou-se na porta do bar para fumar seu cigarro. O menino, vidrado, observou quando um homem se aproximou. Tentou escutar o que eles conversavam, mas não conseguiu. Notou quando ele passou a mão nas coxas mal-escondidas pela saia curta. Imaginou a sua mão passando nas coxas mal-escondidas pela saia curta.

Enquanto o casal recém-formado se afastava, Sila perguntou a Eliodor quem era a tal mulher.

– O nome dela é Jacira, não sei como é que você nunca viu. É uma beleza, né, garoto? Mas pode tirar o cavalinho da chuva que não é pro teu bico, não. Limpando peixe tu não paga nem um beijo na testa.

Dias depois, voltou sozinho ao bar do Eliodor. Esperou quase duas horas e encarou numa boa todas as piadinhas que teve de escutar. Para sua surpresa, Jacira o reconheceu.

– Tem fogo aí, filhote?

Apesar da diferença de idade, a prostituta, sem clientes para atender, desta vez se deteve no garoto, e o achou interessante, jeitoso. Sila era presa fácil.

Jacira pediu uma cerveja e perguntou se ele queria um gole. Não esperou pela resposta e, num movimento quase coreografado, levou o copo à boca, bebendo lentamente. Com calculado desinteresse, distraída, ajeitou o decote do vestido, deixando que o garoto vislumbrasse o contorno de seus seios, e puxou conversa, paciente. Sila tentava conter sua ansiedade. Jacira mudou de tom e, fria, convidou-o para ir até sua casa. Ele topou, tímido, e ela praticamente lhe ordenou que se levantasse para pegarem um táxi. Divertia-se.

– Não se preocupe que eu pago, menino. Pela sua cara, você não tem onde cair morto.

Sila obedeceu.

Durante o percurso, Jacira alternava carinhos nos cabelos do menino e suaves apertos em sua perna direita. Pagou o táxi e, ao sair do veículo, pegou na mão de Sila, conduzindo-o pelas ruas do Centro de Belém como um filho ou um namoradinho de adolescência.

Chegaram a um cômodo de aspecto decadente, com telhas velhas e pintura desgastada, de uma cor que fora parecida com verde. Ela abriu a porta e, sem dizer nada, beijou-o, primeiro suavemente, depois com violência. Jogou-o num arremedo de sofá, rasgado, mandou-o tirar a camisa e a calça enquanto ela observava e subiu em cima do garoto, possuída.

Sila não se incomodou quando Jacira, sem muitas explicações, expulsou-o logo depois de transarem. Tinha perdido a virgindade e sentia-se o rei de Belém do Pará.

Habituado a ver Jacira com diversos homens, Nílson, nove anos, adaptou-se tranquilamente à nova relação da mãe. Nunca tivera pai e não tinha amigos, de modo que, na verdade, viu em Sila uma espécie de irmão mais velho.

À medida que cresciam e ganhavam intimidade, o "enteado" insistia em ensinar-lhe seus truques – aprendidos com Jacira e incentivados por ela, que explorava o filho. Sabia que Sila ficava de sol a sol no Ver-o-Peso, sempre procurando um trocado a mais, e, como gostava dele, achava que podia ajudá-lo. Numa sexta-feira, batiam papo no Acampamento, área pobre onde moravam, e Nílson fez a proposta:

– Rapaz, tava aqui com uma ideia. Tô cansado de te ver com essa história de peixe e não sei quê. Mas isso aí não dá dinheiro, não, é só canseira. Eu tenho um outro esquema aí, negócio tranquilo, e acho que tu podia me ajudar.

Sila sabia do que se tratava e hesitou. Pensou em Augusta, mas apenas por um segundo. Cada um tinha de correr atrás do seu do jeito que desse. Era a natureza do mundo, a natureza de Deus. Quem vende caixão ganha com a morte, quem é médico ganha com doença, ladrão ganha roubando. Por que não?

Nílson explicou seu método já no trajeto para a loja de roupas. Era um estabelecimento de tamanho médio, mas suficientemente grande para que pudessem se distanciar um pouco do caixa e dos vendedores – que eram apenas dois e que, de toda maneira, ficavam conversando ou atendendo um ou outro cliente. Parte das roupas era posta em prateleiras largas, em pilhas, enquanto outra parte, as peças mais caras, era distribuída em cabides pendurados a meia altura, nos cantos das paredes.

Nílson já tinha prática na operação, entretanto não se sentia bem naquele dia e ficou nervoso – viria a vomitar na rua logo após saírem. Sila, passada a hesitação inicial, assumiu seu personagem. Relembrou passo a passo as instruções recebidas. Agia como se estivesse abordando clientes ou trabalhando no Ver-o-Peso: observador, desenvolto e, sobretudo, tranquilo. O segredo, repetia para si mesmo, era não dar bandeira, não se apressar, olhar as peças devagar, escolher uma a uma até ter certeza de que ninguém mais percebia a sua presença, de que se mesclara à paisagem, invisível. E assim foi. Pegava uma roupa aqui, outra ali. Algumas, punha de volta no lugar; outras, jogava dentro da sacola que arrumara na própria loja.

Acumulou quantidade considerável de calças, camisas e bermudas, atento a que o volume da sacola não o denunciasse. Ao sinal de Nílson, saiu andando, devagar. Tudo aconteceu sem sobressaltos. De forma simples. Menos empolgante do que a cena do homem tirando o envelope do bolso da senhora, que vira ainda criança, mas igualmente fácil.

Os roubos com Nílson se tornaram cotidianos. Eliminou freios morais e remorsos, aperfeiçoou-se, angariou contatos no Acampamento. Com dezesseis para dezessete anos, começou a beber e fumar maconha. Em Jacira encontrara uma boa professora. Insegura e dominadora, frágil e impetuosa. Viciante. Ela lhe dava mais e mais dinheiro – dinheiro que ele, eventualmente, passou a cobrar como direito seu. Nas crises de ciúmes, Jacira o atacava com qualquer coisa que encontrasse ou marcava-o com cortes que desenhava furiosamente, geralmente com as giletes que carregava para se proteger de seus clientes. Às vezes quebrava copos e usava os cacos. Às vezes, ao rabiscar talhos nos próprios braços, gritava que ia se matar. Contudo, passaria mais perto de matar a ele.

* * *

Verão de 1968, a casa escurece, Nílson está deitado no sofá desbotado. Jacira abre a porta e invade a sala, examinando o aposento numa só tacada.

– Cadê o Sila, Nílson?

– Vai saber... Por aí.

– Por aí? Por aí sei muito bem onde! Tá por cima da carne seca esse moleque, não tá? Por cima da carne seca!

– Ô, mãe...

Antes que Nílson terminasse a frase, a loira de pernas esculturais já tinha batido a porta e andava pelo chão de barro do Acampamento com os olhos injetados.

As janelas descascadas passavam à sua direita e à sua esquerda, sustentadas por construções de tijolo, de madeira, de zinco, umas fechadas, outras emoldurando mulheres de lenço na cabeça, na boca do fogão, casais trocando acusações agressivas; crianças sorrindo com bonecas no colo. As luzes das cozinhas, dos quartos e dos bares demarcavam a rua, compensando a ausência de postes de iluminação. Os passos de Jacira ressoavam surdamente pelo chão de terra, abafados pelo ruído do esgoto escorrendo por valas rasas em direção ao rio.

Ah, se não ia cortar as asinhas daquele moleque safado, abusado. Come, dorme, pega dinheiro e ainda fica de sacanagem. Ah, se não ia... Ah, se não ia cortar... Ah, se não ia!

Sila bebia uma cerveja junto ao balcão de vidro e alumínio, em pé, de frente para uma imagem de Nossa Senhora pregada na parede. Uma menina de vestido colado no corpo colava a boca em seu pescoço. Os dois riam.

Jacira viu a cena de longe. Viu e não viu. O sangue injetado em seus olhos turvava sua visão e seu entendimento.

Estapeou Sila e a moça. Arrastou-o para casa. Ele protestou, mas não reagiu. Nílson não estava. Possuída como na primeira noite, jogou-o no chão e pegou um objeto na mesa enferrujada, que bambeava e rangia mesmo com o calço de papel. Sila levantou, Jacira afundou a lâmina em seu estômago, perfurando-o.

Ele sobreviveu e voltou. Era a regra do jogo. Limitado pelas palafitas do Acampamento, ele aprendia. E resistia - resistia a Jacira e, em breve, ao seu próprio corpo.

Em 1969, o buraco no estômago finalmente cicatrizado, um resfriado renitente o tirou do sério. Numa visita à mãe, assustou-a com o semblante abatido, mas tratou logo de desviar o assunto, para tranquilizá-la. Xarope, remédios caseiros, nada dava jeito. A febre não baixava, as dores e o cansaço não o largavam.

Era o estágio inicial da tuberculose.

Foi internado num sanatório de Belém, após meses de espera. Para sua sorte, a doença não se agravou, apesar da demora. Só Augusta foi vê-lo. Ao sair, continuou a medicar-se na casa que dividia com Jacira e seus dois filhos - além de Nílson, havia Nanara, três anos mais jovem. Em algumas semanas decidiu que estava curado e interrompeu o tratamento, muito antes de completar o ano previsto.

A noite estava estrelada e ele, mesmo cansado, tomava uma batida de Nescau no balcão de um boteco. A bebida, mistura do achocolatado com cachaça, deixava na garganta um sabor adocicado, cortando um pouco o travo do álcool. Fazia charme para uma das prostitutas com quem saía de vez em quando. Ela era da sua idade, e Sila a impressionava com elogios num vocabulário espalhafatoso e pouco usual. Gostava de palavras que não conhecia e decorava aquelas cuja sonoridade o atraía.

Tinha combinado encontrar-se com Jacira. Porém, ao cruzar com a moça, decidira ficar um pouco por ali. Imaginou que a amante arrumaria algum cliente e não haveria confusão. Viu que errara sua avaliação ao ouvir uma voz proferindo, alucinada, os mais criativos xingamentos.

Jacira, como de costume, houvesse ou não motivo, o ameaçava de morte e conjurava maldições, fazendo apelos a espíritos de nomes diversos. Aproximou-se, como se fosse agredi-lo. Contudo, esperando uma reação, querendo provocá-la, Jacira permaneceu na rua, a uma distância razoável. Desejava humilhá-lo, mostrar que ele era dela e que ia fazer o que ela quisesse, quando ela quisesse. Não percebeu, então, quando a outra puxou da bolsa que carregava uma pequena faca e a pôs disfarçadamente na mão de Sila, sussurrando em seu ouvido:

– Toma. Agora ou você mostra que é macho e fura essa maluca, ou é ela que vai te matar.

Sila pegou a faca e a apertou na mão direita. A outra continuava falando, mas ele só entendia duas palavras: *fura ela*, *fura ela*, *fura ela*, *fura ela*.

Virou o copo de batida e, num pulo, numa dança enfurecida e transtornada, correu em direção a Jacira, a faca escondida às costas. Olhou em seus olhos e furou sua barriga, bem abaixo da costela, como ela havia lhe ensinado. Observou-a cair no chão, atônita e debatendo-se. Não fugiu. Um policial conhecido na região, que costumava beber por ali – além de pegar uma féria com os batedores de carteira que atuavam no Centro de Belém –, viu a cena e o algemou.

Foi sua primeira temporada na cadeia.

Ficou detido na penitenciária central de Belém, famosa na cidade pelas histórias de rebeliões sangrentas. Dizia-se que, em uma delas, alguns presos haviam decapitado um homem e jogado futebol com sua cabeça no pátio reservado aos banhos de sol. Sila não se incomodava muito com as condições do local – não tão diferentes daquelas nas quais se acostumara a viver – ou com a periculosidade de seus companheiros. Impunha-se pela lábia e pela violência. Seu medo, palavra que não utilizaria nem nos próprios pensamentos, era da privação de liberdade.

O último estágio na vida de um homem é a morte, o penúltimo é a prisão.

Foi solto uma semana depois. Jacira ficara alguns dias no hospital. Teve de tomar pontos, usar uma tipoia e um curativo por algum tempo, mas o alcance da facada fora limitado. Ao ser liberada pelos médicos, dirigiu-se à polícia e o caso acabou sendo tratado como uma briga doméstica, sem queixa formal.

Só que algo mudara definitivamente. Jacira ainda o amava e, agora, na medida em que seu temperamento permitia, respeitava-o. Entretanto, não tinha mais nada a lhe dar. Ele não tinha ressentimentos, assim como não se sentia na obrigação de agradecer a ela. Estavam quites.

Viram-se uma ou outra vez e transaram, sem a fúria de antes. Vazios. A história com Jacira chegou ao fim em 1970. O camaleão mudava de cores.

3 A procissão do lanceiro

A multidão se acotovelava, tomando conta da Avenida Nazaré e das ruas adjacentes. De todos os lados ouviam-se o barulho dos fogos e os gritos entusiasmados de homens, mulheres e crianças. Perto dali, um sem-número de barcos – pequenos, médios, grandes, desgastados pelo tempo ou recém-pintados, azuis, amarelos, verdes, vermelhos ou brancos – aglomerava-se na Baía do Guajará, barcos ancorados pelos pescadores que acompanhavam o Círio de Nazaré.

A imagem da santa ia sempre à frente da procissão, flutuando num mar de mãos estendidas, também elas de todos os tamanhos, idades e cores. Suadas. A santa parecia ver e ouvir as exortações que lhe eram dirigidas. Parecia olhar nos olhos de seus seguidores, entender seus problemas, satisfazer-se com sua alegria. Era uma imagem viva, tão real quanto os prédios que a circundavam, cujas janelas, abertas, formavam cavernas no céu, cavernas decoradas com flores e balões.

No chão, esgueirando-se tranquilamente entre ombros e pernas, um jovem de cabelos negros e emaranhados, calça jeans e camisa estampada, bigode bem-feito, observava. Calculava. Mesmo de longe, era possível detectar os diferentes volumes que emergiam do bolso dos passantes, a maioria imersa nos próprios pensamentos.

Sete, oito, quinze, vinte quarteirões no encalço da presa. Preparava o bote. A meio metro de distância, o alvo, um homem magro, alto, muito branco, provavelmente na casa dos trinta anos, dirigia-se a uma igreja, absorto em suas preces. O bolso recheado. Documentos ou dinheiro, mas, pelo que se podia inferir do volume, o mais provável era que fosse dinheiro.

Fiéis se afunilavam na entrada do santuário, de alto pé-direito. Dentro da igreja, tomada por orações, o magrelo se benzeu, concentrado. Sila apalpou o atrativo bolso. Fechando o dedo indicador e o polegar em gancho, puxou lenta e cuidadosamente o maço de papéis, que, envolto em um grosso elástico, deslizou de forma suave. Imperceptível.

Afastou-se com naturalidade e saiu, deixando-se levar pelo tumulto. Adiante, buscou um canto um pouco mais vazio, apenas o suficiente para esticar os braços, e examinou o butim: quatrocentos cruzeiros. Bom, mas menos do que o planejado para aquele dia.

Guardou a grana, ainda com o elástico, e voltou ao trabalho.

Terminado o Círio de Nazaré, Sila havia arrecadado 1.500 cruzeiros, valor cerca de cinco vezes superior à sua média diária. Ao sair da penitenciária central de

Belém, se profissionalizara. Pareceu-lhe óbvia a ideia de se tornar lanceiro, atividade que lhe remetia ao furto presenciado na infância e que, ponto essencial, trazia vantagens consideráveis. Via no crime uma batalha, igual ou maior que a travada no trabalho formal, honesto.

Bater carteiras era delito leve, na maioria das vezes negligenciado pela polícia, que, em troca, recebia compensações financeiras regulares. E, ainda que fosse preso, a pena era curta. Já ouvira falar dos melhores lanceiros de Belém, sabia que podia ganhar um bom dinheiro e consolidar reputação.

Tratava-se de uma competição regida pela inteligência, pela esperteza. O roubado não era uma vítima, era simplesmente alguém a ser subjugado estratégica e psicologicamente. Uma atividade elegante, na qual prevalecia a habilidade, a sutileza. A força pura e simples, recurso disponível para qualquer idiota, mostrava-se inútil.

Começou como uma espécie de auxiliar. A ele cabia desviar as atenções para que o lanceiro executasse o serviço. Assim funcionava com todos os novatos: primeiro aprendiam o ofício assistindo, ajudando e recebendo uma parcela pequena dos lucros; em seguida, se fossem competentes, começavam ocasionalmente a atuar sozinhos e até a formar sua própria equipe.

Sila aceitou e cumpriu cada uma das etapas. Ao sentir-se preparado, arriscou-se como protagonista, num ônibus que passava lotado pela Praça do Relógio. Era uma tarde ensolarada. Ele suava, nervoso. Apesar disso, subiu no ônibus devagar, a camisa estampada dando-lhe a aparência de um jovem descontraído, despreocupado, possivelmente rumo a um encontro amoroso. Não evitou os olhares, não parecia esconder-se. Paciente, analisou os passageiros. Terminou por selecionar uma mulher ruiva, de meia-idade, calças de tergal, bolsos fundos e soltos, na posição e no perfil adequados.

Precisão matemática.

Foi sofisticando-se e inovando. Os rios enchem e vazam de acordo com a vontade da natureza. Uns guardam a água na cheia e têm o que beber na vazante, outros só pensam em beber e morrem de sede. Noventa por cento de seus colegas, mesmo os engenhosos, tinham preguiça de pensar. Não anteviam problemas, não calculavam seus movimentos. Bebiam a água sem refletir, por instinto. Ele estudava. Estudava as situações e as pessoas, disciplinadamente. Delas fazia seus livros, sua cartilha.

Vestia-se com aprumo, portava-se educadamente, avaliava o lucro potencial de cada "pato", sua tendência a reagir tímida ou agressivamente. Aprendia com os sucessos e com os erros, sem decepção e sem entusiasmo. Estabeleceu um horário fixo de trabalho, do início da manhã ao meio da tarde, e criou uma caixinha para subornos - tanto os rotineiros, que evitavam perseguições, quanto os eventuais, necessários em caso de detenção.

Os policiais de Belém – na verdade, de boa parte das cidades brasileiras, como descobriria depois – não precisavam de provas para prender ninguém. Eles mesmos circulavam entre os marginais, misturando--se. Sabiam quem era quem, quem tinha e quem não tinha condições de contribuir para o "bem-estar da corporação".

Marimar passava dos trinta. Pele escura, densos e revoltos cabelos encaracolados, prostituta. Exercia sóbria autoridade entre a bandidagem. Passo largo, lábios exuberantes, que beijavam e mordiam com a mesma facilidade. A uns oferecia-se; a outros, rechaçava, seguindo, como Sila, suas próprias leis. Leis que ninguém se atrevia a questionar: lanceiros, assaltantes, assassinos, cafetões, putas ou clientes.

A cumplicidade foi imediata. Eram ambos impulsivos, autoritários, passionais. E fortes. Do dia para a noite, tornaram-se uma dupla inseparável no submundo da capital paraense.

A fama da mulher, então consideravelmente superior a dele, rendeu-lhe a admiração de seus pares e também uma alcunha incômoda: Sila da Marimar.

Louco de amor pela prostituta, acostumou-se ao sobrenome, mas Belém, por sua vez, o angustiava. O tempo corria, e ele sentia-se estagnado. Lia nos olhos de seus amigos e comparsas, no jeito como falavam, como andavam, como bebiam seus copos de cachaça, lia e sabia que ficariam eternamente ali, envelhecendo sem sair do lugar. Ele não.

Adiantou para a mãe a máxima quantia de dinheiro disponível antes de partir. Não entrou em detalhes sobre a viagem. Augusta também não insistiu. Melhor não saber muito.

Embora sonhasse desde garoto com São Paulo, tomou outro rumo. Como tantos àquela época, em atividades legais ou ilegais, foi atraído pela jovem – como ele – capital do país. Conquistar Brasília não seria mais difícil do que o que já fizera.

A primeira tentativa frustrou-se pela implicância de um motorista de ônibus. Sila e Marimar encontraram-se na rodoviária às quatro da tarde. Ele carregava uma mochila verde e amarela; ela, uma mala arredondada, azul, de pano. Às quatro e meia, embarcaram. Sentaram em duas poltronas na metade do veículo: ele na janela, ela no corredor. O motorista, de pé, óculos escuros, observava atentamente a entrada de cada passageiro. Em cinco minutos fecharam-se as portas. O terminal distanciava-se, ao som das rodas tropeçando nos desníveis das ruas de Belém. O ônibus seguia em baixa velocidade, no perímetro urbano. Ao atingir a Almirante Barroso, parou, sem explicações. Sila travou. Na esquina da avenida havia uma delegacia – Delegacia do Marco, como era chamada. Três policiais subiram. "Ali, nas cadeiras do meio, aquele de bigode com a gostosa", indicou o motorista.

Reconhecera-o de algum lugar e resolvera fazer uma média com a lei, era uma prática costumeira entre os motoristas que cobriam rotas para grandes cidades. As algemas tilintaram. Sila desceu preso, Marimar desistiu da viagem. Somente um adiamento. A prisão significava repressão e achaque – sem consequências, excetuando-se um ou dois hematomas. Três dias depois, Sila e Marimar se reencontraram; e, em quinze dias, retomaram o projeto.

Partiram numa noite chuvosa, o céu negro prometendo engolir quem o desafiasse.

A viagem pela Rodovia Belém-Brasília, fruto da imaginação desenvolvimentista do presidente Juscelino Kubitschek, foi longa e cansativa, permeada de cidadezinhas decadentes, outras em construção, áreas desérticas e sem nenhuma iluminação, postes quebrados, bares de beira de estrada, famílias e velhos andando para lugar nenhum com roupas embrulhadas em sacolas de plástico, buracos, obras em trechos não asfaltados, rios cujos leitos sumiam como se tivessem alcançado a borda da terra e despencassem em direção ao nada. Na poltrona ao lado da janela, Sila pensava – um divagar filosófico – que seu mundo, o submundo das paisagens desumanas e vivas, pulsantes e brutais, de uma honestidade que a honestidade idealizada era incapaz de comportar, que esse submundo era o Brasil. O Brasil que ele conhecia e que corria furiosamente em suas veias, mas que todos aqueles que advogavam para si a primazia moral e intelectual preferiam não ver, não tocar, como se o contato com a poeira daquela estrada, como se o contato com ele, com um batedor de carteiras, com o filho analfabeto de uma mãe analfabeta, criado no amor rígido da miséria e no amor sufocante da rua, da zona, criado na amizade sincera e medíocre de pequenos bandidos, tuberculoso, como se aquele contato trouxesse a sujeira, o vômito, a úlcera fétida e contagiosa da marginalidade.

Chegaram num domingo e não tiveram dificuldades em arrumar um hotel – meio vagabundo, mas aceitável para os primeiros dias. Não agiu imediatamente. Antes se aclimatou, sondando locais e estudando certos detalhes: presença de policiais, rotas de fuga, fluxo de passantes. O trabalho era facilitado pela divisão urbana da capital, onde cada espaço, cada área tinha, como tem até hoje, funções e características estanques. Totalmente diferente de Belém, com seus prédios luxuosos e barracos pantanosos que, separados por um intransponível fosso social, tocavam-se fisicamente com chocante promiscuidade. Brasília, incapaz de abarcar em seu desenho ordenado e simétrico as ambições divergentes dos que a ela se dirigiam, não deixava o crescimento descontrolado invadi-la, mas permitia que a cercasse ameaçadoramente por meio de suas favelizadas cidades-satélite. Essas, se não ofereciam muitos atrativos profissionais para Sila, serviam, e bem, para os momentos de descontração.

Após a fase de testes, escolheu como um dos centros de operações a W3, avenida que contava com grande oferta de linhas de ônibus e vários restaurantes, o que garantia circulação constante de gente. Afora ajustes relativamente simples e circunstanciais, a mecânica do negócio era similar: elegância, tanto na indumentária quanto na atitude; ousadia, que aumentava os ganhos e diminuía os riscos (a ação inesperada é mais furtiva, logo mais efetiva); e antecipação (a leitura prévia de cada alvo permitia uma execução minuciosa, cirúrgica).

Adaptado e de bolso cheio, Sila alternava a atuação em Brasília com algumas viagens a Goiânia, o que contribuía para que não ficasse muito marcado, e, de acordo com a sua concepção, para abrir novos "mercados", evitando uma limitadora concentração de atividades. A essa altura começou a trabalhar ocasionalmente com Vavá, um dos bons lanceiros de Belém, que também viera tentar a sorte no Planalto Central.

A transição para Brasília tomou, assim, o impulso definitivo, e Sila assumiu na capital a desenvoltura que fizera seu nome em sua terra natal. A repentina prosperidade que ostentava, entretanto, numa cidade em que não havia se criado e que não o vira crescer, atraía insatisfações e desafetos. Um bandido violento chamado Eliovaldo, um metro e oitenta de altura, negro, sempre armado, os braços do tamanho de troncos de árvore, morando na mesma área que Sila e vendo que ele estava cada dia com uma roupa nova, toda hora saindo com Marimar para os lugares mais caros da cidade, bebendo garrafas de uísque importado, exigiu que ele lhe desse uma parte do que ganhava por mês. Eliovaldo valia-se da força física e da fama de assassino que cultivava para se impor como uma espécie de chefe local. O macho alfa.

Já haviam tido um ou outro entrevero, com Sila recusando-se a lhe dar dinheiro e tentando levar o caso na lábia – além de forte, o sujeito era burro. O artifício eventualmente perdeu a validade, e Eliovaldo, ao se cruzarem pela décima vez na entrada do hotel em que Sila vivia e pela décima vez exigir seu pagamento, expôs o trinta e oito na cintura e ordenou-lhe que "cumprisse com sua obrigação". Marimar, em pé ao lado de Sila, passou os dedos no braço do amante, brincando sutilmente com os pelos negros que o recobriam, em um olhar que transparecia preocupação, nenhuma agressividade. Sila podia sentir o vapor úmido que saía da boca dela. A uns dois metros de distância, junto ao balcão da recepção, Eliovaldo, com um sorriso no rosto, fazia brilhar seu revólver à luz amarelada que emanava da lâmpada suja e parcialmente quebrada do estabelecimento.

Fazendo questão de retribuir o sorriso de Eliovaldo, Sila andou lentamente em direção a ele, as duas mãos no bolso, como se fosse puxar o dinheiro que lhe era exigido.

– É isso aí, Sila, eu sabia que tu era esperto. É só me dar a minha grana que tu pode continuar com essa tua carinha toda inteirinha, sem nenhum pedaço faltando.

Sila alargou o sorriso e esboçou um inaudível "pois é". Ao chegar na beira do balcão, quase encostando o ombro no ombro do outro, baixou a cabeça, tirou as duas mãos do bolso e, antes que a alegria sádica de Eliovaldo evaporasse, agarrou seu pescoço, puxou-o para a frente e para baixo – era pelo menos quinze centímetros mais baixo – e desferiu-lhe, com a testa, um golpe rápido no nariz, que se despedaçou. O sangue começou a jorrar, cobrindo sua camisa de vermelho e espirrando no funcionário que atendia os hóspedes.

Desnorteado, cambaleante, Eliovaldo tentou reagir, mas Sila, com a selvageria precisa de um cão de briga, continuou a golpeá-lo com socos, um atrás do outro, até que o oponente desabasse, cego e semi-inconsciente. Pegou a arma que caíra no chão, encaixou--a na junção da garganta com o maxilar de Eliovaldo e, ainda com um sorriso no rosto, deu sua resposta à cobrança do ex-macho alfa:

– Ô, filho da puta, se você passar na minha frente de novo eu vou te estourar, tamos combinados?

Sila incorporara a fúria contida que o habitava, tornando-a indistinta da serenidade metódica com que calculava suas ações.

Foram morar num conjugado arrumadinho. Após um mês, já com uma situação financeira confortável, Sila descolou uma casa na periferia: dois quartos, jardim, mobília nova. Criou, assim como fizera em Belém, um círculo de relações, inclusive na polícia. Fez amizade com um policial civil na faixa dos quarenta, experiente e considerado tanto na corporação quanto entre a bandidagem. Parte do que ganhava, mandava regularmente para a mãe.

Sila mantinha a intenção de fazer de Brasília apenas uma escala para um fim maior: São Paulo. No entanto, com a vida bem encaminhada e feliz, deixou-se levar. Um grave erro.

* * *

Saiu de casa de manhã cedo, como costumava fazer, e encontrou-se com Vavá na W3. Conversaram rapidamente e, concordando que o movimento parecia fraco, subiram num ônibus. Fizeram um serviço, saltaram e repetiram o padrão outras três ou quatro vezes – a cada uma, claro, trocando de veículo. Passadas duas horas, resolveram voltar à avenida, que, anteviam, estaria mais convidativa. Acertaram. Deram uma volta pelo local, e Sila, atento, percebeu que um senhor de calça e camisa sociais consultava constantemente seu relógio, irrequieto, observando os carros. Cutucou Vavá disfarçadamente, indicando que olhasse para os bolsos do homem. Estavam abarrotados – os dois.

– Vavá, tá vendo o jeito do cara? Esse aí tá com dinheiro e, pela pinta, não vai pegar ônibus nem pelo caralho. Pode apostar que tá esperando táxi.

Diante do assentimento de Vavá, continuou:

– Seguinte, fica ligado, chega perto do cara e, quando passar o táxi, você finge que vai pegar também. Não deixa ele entrar direto. Faz o sujeito dar uma parada quando for entrar no carro que eu faço o resto.

Vendo um táxi vazio se aproximar, Sila indicou ao comparsa que se posicionasse. Como imaginava, o homem acenou, e Vavá, conforme combinado, entrou na frente no momento exato em que ele abria a porta do veículo. Iniciou-se uma breve discussão.

Vavá insistia que acenara primeiro, entretendo o alvo enquanto Sila inseria uma das mãos, depois a outra, em cada bolso e, num só movimento, puxava o conteúdo que havia identificado. Tenso e louco para acabar com a confusão no meio da rua, o senhor, ao finalmente receber um efusivo e repentino pedido de desculpas de Vavá, entrou apressado no carro, e Sila saiu andando.

O golpe não poderia ter sido mais proveitoso. O sujeito, provavelmente vindo do banco, carregava cinco mil cruzeiros, uma bela grana, equivalente ao que tiravam em um mês. Dividiram o dinheiro, dois mil para cada um, separaram mil para gastar e acertaram que à meia-noite, em agradecimento, acenderiam velas para as almas no bairro do Cruzeiro.Sila adotara obsessivamente a devoção às almas, uma prática derivada do espiritismo. Eram três da tarde. Empolgados, eles deram o expediente por encerrado, partindo para uma animadíssima comemoração, regada a cachaça, cerveja, maconha e cocaína.

Quando perceberam que se aproximava a hora estipulada para cumprir a promessa, lembraram que não tinham velas e que não havia onde comprá-las. Para manter a palavra diante das almas, empreenderam uma trabalhosa peregrinação. Depois de muito custo, acharam um boteco com uma espécie de vendinha no fundo. Vavá, cansado, propôs então que cada um fosse para casa e fizesse a oferenda lá mesmo, já que estavam longe pra burro do Cruzeiro. Sila avalizou a ideia com entusiasmo.

Marimar ainda não havia chegado, mas sua ausência não lhe chamou a atenção, visto que, no ramo de trabalho da mulher, aquele era o horário mais movimentado. Sua única preocupação era acender o diabo das velas de uma vez, antes que atraísse a irritação de algum espírito perverso e implicante. A passagem da sala para o jardim era uma porta de vidro de correr, protegida por uma cortina verde, longa, que tinham comprado logo que se mudaram. Ao lado da porta de vidro, ficava o sofá. Como um sonâmbulo, foi até o quarto e pegou uma colcha para se proteger do frio. Em seguida, retornou à sala e abriu as cortinas e a porta apenas parcialmente, acendendo as velas quase ali mesmo, menos de um passo fora de casa. Ventava. Fechou os olhos, fez uma oração abreviada e foi à cozinha tomar um copo d'água e ver se havia alguma coisa para comer. Estava consciente – não se permitia perder o controle em nenhuma ocasião –, mas completamente alterado. Afinal, vinha tomando cachaça sem parar desde as três da tarde, sem falar nos baseados e nas incessantes carreiras de pó.

De volta à sala, com o intuito de se sentar um pouco no sofá para se recompor, deparou-se com uma bola de fogo que parecia flutuar de uma parede à outra, em saltos sobrenaturais. Achou que fosse um fantasma, um demônio invocado inadvertidamente, talvez por ter comprado o modelo errado de vela, talvez por tê-las acendido fora do horário ou até por sua falta de concentração ao fazê-lo. Para aumentar o aturdimento em que se encontrava, o demônio emitia um ganido alucinado, como o de um gato cujo couro estivesse sendo arrancado a sangue frio, seu corpo perfeitamente vivo tentando escapar, mas sem saber para onde ir nem como. Um cheiro desconhecido e insuportável espalhava-se com a fumaça, um cheiro de carne podre. "Não", pensou, sem ter a menor noção de por que lhe vinha tal imagem, "um cheiro de pele, de pele derretida". Só então entendeu o que acontecia. Haviam se passado segundos desde que voltara da cozinha com o copo d'água, segundos que mais tarde reverberariam sem cessar: era Marimar, e não uma alma penada e vingativa, era Marimar a fogueira humana que se debatia pelas paredes, gritando sabe-se lá em que língua advinda do pavor que a consumia.

Sila, instintivamente, segurou-a e, com ambos já no chão, tentou usar a colcha na qual estava enrolado para apagar as chamas. Finalmente conseguiu. Percebeu que o sofá e a cortina, os únicos objetos que ocupavam o cômodo, tinham desaparecido, incinerados, deixando o teto e as paredes pintados de preto; e o ar, prestes a explodir, preenchido por um gás quase sólido, acinzentado. Sem telefone, sem saber o que fazer e sabendo que era preciso fazer alguma coisa imediatamente, agarrou o corpo fumegante de Marimar. Temia que a carne liquefeita, fundida com os restos de roupas ainda perceptíveis, se desfizesse em seus braços, escorresse pelo seu peito, suas pernas e formasse uma poça viva na calçada. Envolveu-a, desajeitado, enquanto, com uma só mão, abria a porta do carro e baixava o encosto do banco da frente. Jogou-a no banco de trás brutalmente, por receio de que ela não se desgrudasse dele. Retornou o encosto à posição, sentou-se, girou a chave na ignição, engatou a primeira marcha e partiu, incapaz de ouvir os pneus cantando ao acelerar rápido demais com o pé esquerdo ainda sobre a embreagem.

Chegou à emergência como que num tempo fora do tempo. Catatônico, recusou as exortações dos médicos para que se deixasse examinar, embora tivesse enormes manchas vermelhas e inchaços nos braços. Fugiu. Como um autômato defeituoso, em pane, voltou para casa e desmaiou no chão da sala intocada – aparentemente o incêndio acabara rápido demais e a área era longe demais do Plano Piloto para que fosse enviada uma equipe do Corpo de Bombeiros. O cômodo continuava preto e cheirando à pele incinerada de Marimar. Ou talvez fosse ele que cheirasse à pele incinerada de Marimar, ou talvez fosse o cheiro da sua própria pele. Já não havia na sala a fumaça cristalizada que, na sua imaginação, representava o corpo da mulher gaseificado pela combustão.

Acordou às duas da tarde, o raciocínio envolto numa névoa tão espessa que se acreditou cego, depois morto, depois bêbado, em um sonho insuportavelmente maluco, o tipo de sonho frenético e enjoativo que a bebida por vezes semeia e com o qual já travara conhecimento antes. Ainda assim, naquela tarde, teria adorado permanecer no sonho em vez de acordar e confrontar a ossada retorcida e minúscula do sofá, só reconhecível porque dela brotava e se estendia até o teto, densa e insólita, amedrontadora, uma tatuagem cor de piche, com certas nuanças nas partes em que a tinta havia descascado por completo. Por fim, contra sua vontade, uma ardência borbulhante nos membros superiores, da ponta dos dedos até a metade do tórax, o despertou definitivamente.

Levantou-se e dirigiu-se ao hospital, sem trocar de roupa. Os farrapos remanescentes da camisa polo e da calça jeans que usava como uniforme de trabalho davam-lhe o aspecto de um mendigo. Na recepção, encaminhou-se a um guichê redondo, mais ou menos no centro do salão também redondo e todo branco – gélido de tão branco. Uma atendente de meia-idade, ruiva e gordinha, falava ao telefone:

– Não, Irene, acho melhor não. O Cássio pode ficar sabendo e aí vai ser um barraco só. Ele é muito ciumento, você conhece.

Ela fez um sinal para que Sila esperasse. Logo em seguida, ou porque era uma profissional competente, ou porque não estava com vontade de continuar a conversa com Irene, disse um "depois te ligo, estou ocupada" e desligou o telefone, voltando-se para ele:

– Pois não, o senhor... o senhor está bem?

Só nesse instante se dava conta dos trajes de Sila, conquanto não visse as marcas vermelhas em seus braços, que ele mantinha estrategicamente junto ao corpo.

– Estou, sim, obrigado. Eu vim ver a Marimar, Marimar Silveira. Fui eu que trouxe ela pra cá ontem de noite. A gente teve um incêndio em casa. A senhora poderia me dizer qual o quarto dela, por favor?

– Só um minuto, vou verificar pro senhor.

Mesmo com as explicações sobre o incêndio, a atendente, que já ficara ressabiada ao analisar o estado de Sila, assumiu uma fisionomia ainda mais inquisitiva ao localizar o quarto de Marimar. Deu outro telefonema, dessa vez interno. Falava muito baixo, como se não quisesse ser ouvida, embora soubesse que Sila a ouvia. Avisou ao seu interlocutor do outro lado da linha que o "senhor de ontem à noite, da moça queimada" estava ali para vê-la. Num tom de voz monocórdio, transmitiu a Sila o resultado das confabulações:

– O senhor pode subir. Pegue aquele elevador ali, no final do corredor. Ela está no terceiro andar, no quarto 301.

O hospital estava cheio. Seu acidente, ponderou sem que isso lhe fizesse sentir melhor nem pior, devia ter sido apenas um entre milhares. No elevador, cheio como o restante do lugar, teve de pedir a um rapaz mais próximo do painel para apertar o três. Logo que desembarcou no terceiro andar, buscou orientação num estande protegido por um vidro semiaberto, onde se amontoavam e se revezavam enfermeiros, médicos, faxineiros, todos envergando o mesmo e gélido branco do salão. Não fazia ideia de como Marimar estaria. Na verdade, tinha certeza de que iriam informá-lo de que ela estava morta, de que preferiram não dizer nada lá embaixo por medo de que ele fizesse um escarcéu, ou porque iriam designar um médico para lhe explicar como ela morrera, ou porque queriam que ele também fosse examinado.

Ainda antecipava esses diálogos quando, ao entrar no quarto que tinham lhe dito ser o de Marimar, viu uma almofada de gazes amontoadas estendida em cima de uma cama de metal. Daquele conjunto disforme, destoava apenas, na altura de uma mesinha de cabeceira encostada à parede, um vulto enegrecido e cheio de bolhas. Era o rosto. Nariz, olhos e boca compunham um todo indistinguível, uma inflamação gelatinosa que se assemelhava a um pedaço de bolo coberto por mofo.

Ao lado da cama, dois policiais o esperavam. Um era um garoto, cara de adolescente; o outro, um balofo de bigodes gordurosos, careca, os botões da camisa abertos até o peito. Só ao se aproximar do leito, Sila percebeu que Marimar estava acordada. Bruscamente, sem deixar que ele dirigisse uma palavra à mulher, o balofo perguntou à massa inerte que ali jazia se aquele tinha sido o homem que lhe ateara fogo.

Chorando e obviamente fazendo um esforço sobre-humano, Marimar balançou a cabeça e disse que não. Acrescentou, com os lábios tão inchados e cheios de veias sobrepostas que davam a impressão de ser incapazes de se separar um do outro:

– Acidente... Cortina... Sofá queimou...

Não conseguiu pronunciar mais do que isso, mas conseguiu apertar a mão de Sila e olhar para ele, o que, aparentemente, foi suficiente para convencer a polícia de que, o que quer que houvesse ocorrido, não valia a pena perder tempo com o assunto.

O balofo e o garoto teriam obtido outro indício de inocência, ainda que mais sutil, se, captando a cena inteiramente, tivessem percebido que Sila retribuíra o olhar de Marimar. Que Sila fizera, ele também, um esforço sobre-humano, não para falar, mas para fingir que compreendia e que daria o que aquele olhar pedia, a vida que aqueles olhos incrédulos e devoradores pediam, a vida que nunca mais reteriam. Tivera de usar, outro detalhe que escapou aos policiais, toda a sua força, física e mental, para não vomitar.

Marimar ainda viveu duas semanas, período que passou em uma clínica particular. O médico que a atendera no hospital público não dera sinal de se importar com o imbróglio de Sila com a polícia. Pelo contrário, tratara-o até com certa deferência, detalhando os efeitos das queimaduras sobre o sistema nervoso e as inevitáveis sequelas que provocariam, caso Marimar resistisse. Como Sila insistiu em se informar minuciosamente do que poderia ser feito para curá-la, ou ao menos aliviar sua dor, o médico indicou-lhe uma clínica privada, salientando que era a melhor da capital e possivelmente uma das melhores do país naquela especialidade.

– Não é barata, mas os resultados são excelentes – finalizou, sem condescendência.

Pagou a internação com o que ganhara no dia do incêndio e mais uma parte considerável de sua poupança. A clínica era bem menor que o hospital e só abrigava pacientes queimados. Invariavelmente cruzava com alguém em cadeira de rodas ou de muletas, o corpo ou o rosto enfaixados, às vezes ambos. Em algumas ocasiões, eram crianças, como uma menininha de cabelos negros e olhos amarelados – era tudo o que se podia entrever – que tentava andar sozinha, cabisbaixa e contrariada, forçada por uma enfermeira e por um homem taciturno.

Visitou Marimar durante os quinze dias seguintes, às quatro da tarde, religiosamente. Ficava ao seu lado, segurava sua mão, em silêncio. Ela raramente despertava. Quando o fazia, a diferença era mínima: um leve movimento dos olhos, que tremiam, espasmos musculares nos braços e murmúrios ininteligíveis que, para Sila, davam a ela um aspecto ainda mais terrível, ainda mais mortificado do que a relativa placidez do sono. Quando ela dormia, ele a imaginava viva, a pele intacta, os lábios rosados e receptivos no lugar da costura disforme de boneca mal-ajambrada; quando ela dormia, ele tinha saudades e tristeza, um luto antecipado que lhe trazia algum alívio, ou ao menos deixava espaço para que respirasse. Quando ela acordava, quando tentava falar, se é que tentava mesmo falar, se é que podia tentar qualquer ato que não o ato definitivo de morrer, ele ficava sufocado. Embora não largasse sua mão, apertando-a mais intensamente, voltava a aplicar toda a concentração no esforço de não vomitar ali mesmo, em cima dela.

O restante de suas economias, gastou para pagar o enterro, que teve poucos presentes, apesar da fama de Marimar em Brasília. Havia quitado adiantadamente cinco meses de aluguel da casa onde moravam, de modo que, com suas reservas esgotadas, continuava lá. Na primeira noite após o enterro, acordou sobressaltado, certo de estar ouvindo vozes. Ao se levantar da cama e ir em direção à sala, da qual retirara os entulhos retorcidos, substituindo-os por uma cadeira de plástico, teve certeza de que era a voz de Marimar. Não conseguia compreender o que ela dizia, provavelmente porque, mesmo morta, ainda tivesse dificuldade de descolar os lábios e formular uma frase qualquer. Ainda devia estar coberta de bolhas da cabeça aos pés, mas agora era capaz de andar e, tendo conhecido as agruras do além-túmulo, havia mudado de opinião quanto à responsabilidade – e intencionalidade – dele no incêndio que a devastara. O mesmo se repetiu, diariamente, durante uma semana, as vozes cada vez mais altas, mais nítidas, mais enfáticas, cada vez mais perto de dizer alguma coisa que fizesse sentido. Quando conseguissem, ele sabia, anunciariam que era chegada sua hora, a hora de Sila queimar junto a Marimar no fogo do inferno.

Voltou ao trabalho, insone, distraído e decidido a resistir ao apelo lânguido das almas. Não perdera sua habilidade – nem a perderia tão cedo. Valendo-se dela, conseguiu levantar uma pequena quantia e retornou a Belém. No ambiente que dominava como a palma da mão, restabeleceu-se com relativa tranquilidade. Visitou Augusta e em seguida instalou-se no Acampamento, com suas estreitas e conhecidas vielas de barro permeadas de pequenos prostíbulos e vendinhas domésticas.

Em boas condições, permanecia, no entanto, insatisfeito e com um mau pressentimento, que associava às vozes que o haviam perseguido. Retornar a Belém fora um recuo, e a memória de Marimar o afligia. O calvário que, a seu ver, as vozes proclamavam lhe reservava um novo capítulo – na verdade, a dramática reedição de um já vivenciado: a tuberculose.

Depois de dois meses na capital paraense, a tosse reapareceu. Dessa vez, ele tinha consciência de que podia ser mais do que uma simples gripe. Confuso e abalado pela sucessão de infortúnios, atormentado pela possibilidade de ficar trancado num hospital, resolveu não fazer nada. Se tivesse de morrer, seria o destino. Escondeu-se de todos, mas, após duas semanas cuspindo sangue, convocou Maurício, vulgo Urubu, e Pretinho, dois antigos companheiros de profissão. Reuniram-se numa das biroscas do Acampamento, e Sila, pálido e peremptório, anunciou:

– Vou morrer e quero morrer em Brasília. Tô de carro e não sei se aguento a viagem, muito menos dirigindo. Vocês vêm comigo?

Sabiam que ele não recuaria. Frente a tal intimação e descrentes do vaticínio mórbido, aceitaram. Pegaram a estrada poucas horas depois. Ao atingirem aproximadamente a metade do percurso, Sila, no banco do carona, começou a vomitar uma mistura de restos de comida, bílis e sangue. Recusava-se a parar, era impossível convencê-lo. Além do mais, no descampado em que se encontravam, Urubu e Pretinho não tinham a menor noção de aonde poderiam levá-lo. Às injunções dos companheiros, a certa altura já beirando um enfrentamento corporal, respondia aos berros e batendo o punho no painel do automóvel:

– Se eu morrer, vou morrer no caminho, porra! Vocês me deixam num canto qualquer e avisam a minha mãe.

Seguiram adiante.

Já nos arredores de Brasília, Sila, olheiras fundas, o aspecto exangue de um vampiro, quase desmaiando, lembrou-se do policial civil seu amigo. Rumaram para sua casa. Foi salvo pela polícia.

O policial prontamente arranjou a internação no Hospital Distrital do Gama, unidade de referência na rede pública. Alegou que se tratava de um contrabandista renomado e que sua recuperação era imprescindível para uma importante investigação policial. Sila chegou de ambulância, sem conseguir falar ou se mexer. Assim permaneceu por uma semana. Quando finalmente deu sinais de recuperação, quis se movimentar. Foi-lhe permitido, então, andar até uma área de convívio com outros doentes em recuperação. Ao entrar, ouviu a efusiva conversa de um pequeno grupo de internos.

– E aí, soube o que aconteceu com o sujeito que chegou aí morrendo, o tal do contrabandista? O cara é peixe grande, parece que é cheio da grana, tava voltando dos States.

– Eu soube que ele tava mais pra lá do que pra cá. Pelo jeito que chegou, se já não morreu, tá quase lá.

O contrabandista internacional, duplamente renascido, enturmou-se rapidamente, aproveitando o prestígio que conquistara. Alavancava esse prestígio com as histórias que contava: algumas verdadeiras, outras partes de seu novo personagem. Virou "o cara" do hospital e acabou se envolvendo com uma bonita enfermeira, a quem pediu em noivado.

Mas decidiu partir como chegou: sozinho. Passara um mês e meio internado. São Paulo o esperava.

4 O malandro sobe no ônibus

Espremia-se entre as pessoas que embarcavam e desembarcavam ininterruptamente no terminal da Luz. Mais de duas mil chegavam e partiam a cada hora, subindo e descendo as escadas semicirculares que davam acesso aos ônibus.

O engarrafamento na entrada da rodoviária, a fumaça densa e enjoativa que escapava dos canos de descarga, as tevês coloridas, pouquíssimo comuns no Brasil da década de 1970, os colegas de profissão, nenhum desses detalhes lhe passou despercebido. E cada um deles confirmava que estava no lugar certo.

Da Praça Júlio Prestes, agora num ônibus municipal verde e branco, de aspecto moderno, dirigiu-se ao Brás. O bairro fervilhava de imigrantes e contava com uma sólida presença de criminosos paraenses, a ampla maioria de Belém. Como acontece usualmente em grupos distantes de suas origens, compunham uma comunidade que oferecia imediata rede de proteção. Era uma introdução a São Paulo mediada pelos laços com o Pará. Por trás dessa solidariedade, claro, havia uma intensa competição.

Instalou-se no Hotel Presidente, um edifício estreito e comprido. A larga, movimentada e bem-cuidada portaria era protegida por um portão de ferro que permanecia aberto durante o dia. O prédio situava-se num quadrilátero cuja margem esquerda eram as apertadas ruas do interior do Brás, ainda permeadas de sobrados; e, à direita, estava o entroncamento do Largo da Concórdia com o Viaduto Maestro Alberto Marino, uma das artérias da cidade. O hotel estava quase sempre cheio, sustentado, assim como pelo denso comércio que o circundava, pelos rendimentos da casta de marginais que dominava a área.

O dinheiro ilícito – mas nem por isso menos bem-vindo – provia qualidade à sua fachada e aos seus espaçosos aposentos, que tinham a pintura periodicamente renovada, de modo a manter o status do estabelecimento junto ao seu público-alvo. Há no capital sincera ojeriza à discriminação, daí seu impulso democrático.

Sila registrou-se em torno de oito horas da manhã. Deixou a mala de couro no quarto, desceu e pediu ao atendente do hotel para lhe indicar uma boa alfaiataria. Só pisaria na Avenida Paulista de terno, gravata e sapato de cromo alemão.

A alfaiataria era comandada por um senhor de idade, italiano, que mensurou as barras da calça e as mangas do paletó com a reverência de quem se ajoelha em frente a um altar para rezar. Sila escolheu tons suaves, terra, que lhe caíam bem e proporcionariam o efeito almejado: suficientemente finos para chamar atenção, despojados na medida certa para não chamar atenção demais. O senhor mastigou duas ou três frases ligadas a fitas métricas e alfinetes, gastando suas palavras com admirável parcimônia, e garantiu-lhe que poderia retirar sua encomenda em cinco dias.

Nesse ínterim, Sila fez contatos entre os exilados paraenses, e foi por eles apresentado à nata paulistana do crime. Ficou curioso em relação a um baixinho agitado, apelidado de Porta, a quem acabou convidando para tomar uma cerveja. Porta era do interior de São Paulo, mas, como na infância mudava constantemente de cidade, não sabia bem em qual delas nascera. Morava num hotel mais modesto que o Presidente, também no Brás, e vivia tranquilamente, embora não tivesse nada guardado e devesse uma quantia razoável a um traficante que lhe confiara "uns adiantos". A parceria que ali se formou deu a Sila uma equipe competente, familiarizada com o mercado local; e, à Porta, um *upgrade* em seus métodos e ganhos.

Ainda sem o novo uniforme, Sila apreciou os ônibus da metrópole, decorando os números dos mais lucrativos. Esse tipo de operação, particularmente arriscada pela série de limitações que impunha, era o ponto alto de seu repertório, sua marca registrada. Em São Paulo, viria a executá-la com um perfeccionismo que, crescentemente exibicionista, se elevaria ao grau de arte.

Findo o prazo dado pelo alfaiate, apanhou ansiosamente a armadura encomendada, aprumou-se em seu quarto no quinto andar do Presidente e, já paramentado, pegou um táxi em direção ao que consideraria a sua igreja, se isso não lhe soasse demasiado desrespeitoso.

Era 1973. A Avenida Paulista que o impressionara no cinema não chegava aos pés daquela, mais moderna, mais agitada. As mulheres eram mais bonitas. Os bolsos, certamente, mais cheios. Porém, por inabitual que fosse, as oportunidades que detectou serviram unicamente ao seu divertimento, no máximo como informações a serem armazenadas. Sua viagem era simbólica. Adentrou a avenida como uma criança que desfila no centro do mundo. Embevecido.

Desfilou com o terno de linho recém-comprado, claro, feito sob medida, a camisa azul bem passada, o colarinho engomado, os sapatos pretos de cromo alemão abrigando meias milimetricamente esticadas. O andar estudado, exultante. Elétrico. Os gigantescos prédios recém-construídos irrompiam por todos os lados, sucediam-se assimétrica e descontinuamente a perder de vista, separados por incontáveis ruas transversais e pela impressionante pista central, duplicada poucos anos antes, numa obra cuja monumentalidade só poderia ser ambicionada em São Paulo.

Fuscas, Corcéis, Brasílias, ônibus, Kombis, buzinas, motores, conversas, lojas, executivos, operários da construção, mulheres de minissaia, mulheres de saia e largos óculos escuros, mulheres e homens com calça boca de sino, com cabelos longos, com cabelos curtos, com penteado black power, com barba, sem barba, camelôs, loucos, mendigos, concreto, vidro, metal. Concreto, vidro, metal. Avenida Paulista, 1973.

Nos dois anos seguintes, entre puladas de cerca em Belém e Brasília, o sucesso do casamento de Sila com São Paulo seria posto à prova. O menino pobre e miserável nascido em Belém do Pará fazia história. Tornou-se conhecido e respeitado no meio da malandragem como um dos melhores lanceiros que aquela metrópole já havia visto.

Em Belém, as badaladas festas no Clube São Pedro, na Ponte do Galo, atraíam boa parte dos trabalhadores – e trabalhadoras – da cidade, sobretudo os mais jovens. Música, dança e, claro, ninguém é de ferro, bebida substituíam por algumas horas pratos para lavar, tanques de gasolina para encher, argamassa para aplicar, carros para dirigir, roupas para vender. Uniformes saíam de cena e, em seu lugar, entravam brincos, perfumes, camisas bem passadas.

Diz o ditado que à noite todos os gatos são pardos. Talvez por isso as festas no São Pedro exerciam igual poder de atração sobre representantes, digamos, menos convencionais da classe trabalhadora, alguns de passagem. Como o negro gato alçado à fama por Roberto Carlos em 1966, um deles espreitava, à espera de um telhado no qual pular.

Aldacy dançava com algumas amigas. Loura, sorridente, pele branca, saia na altura no joelho, belas mãos. Bela moça, tornada mais bela pelo jeito de honesta, pelo ar jovial e despreocupado. Leve.

O negro gato, ele também sorridente, o sorriso malicioso dos felinos, de conquistador barato, aproximou-se. Cuidadoso. A gentileza em pessoa. Garras recolhidas.

A moça fazia jus à impressão causada. Além de bela, era séria, dona de um pequeno restaurante na periferia da cidade, contíguo à casa onde morava. A janela de sua cozinha se abria para um conjunto de mesas e cadeiras de plástico constantemente repletas de fregueses, fiéis à comida e ao preço.

Nem as diferenças profissionais nem as reservas iniciais de Aldacy impediram que a relação prosperasse rapidamente. Nem mesmo o fato de a jovem ter um namorado policial conhecido na região como matador de bandidos, o Mata-Sete, impediu o envolvimento dos dois. Com a confiança e o deboche característicos, Sila gostava de repetir:

– Ele pode até matar dez homens, mas, se não me matou, não matou ninguém!

Ainda que receosa, Aldacy aceitou ir a São Paulo com o malandro que pulara tão decididamente em seu telhado. No segundo semestre de 1975, estavam juntos na capital paulista, e a barriga da moça honesta carregava um menino.

Em uma de suas investidas interestaduais, Sila foi a Brasília. Tudo correu conforme os planos, até melhor. Mesmo assim, ou até por isso, na última hora, quando se arrumava para voltar, malas prontas na porta do quarto, resolveu fazer mais um serviço.

Olhou o relógio: tinha parte da tarde livre, à noite tomaria o ônibus, no dia seguinte desembarcaria na Luz. Tranquilo. Pegou o elevador.

Mais cedo, fora reconhecido por policiais da área em que costumava agir. Eles, no entanto, haviam-no perdido de vista. Alegraram-se ao vê-lo de volta. Confiante – confiante demais –, com a cabeça em Aldacy, sentindo-se intocável, foi pego em flagrante e encarcerado no presídio de Brasília.

A despeito da opressão que o lugar impunha, adaptou-se diligentemente às regras, brigas, ameaças e exigências – de prisioneiros e policiais. Trocou os prazeres aos quais havia se habituado, as roupas chiques, as bebidas caras, pelas tarefas de presidiário: lavar o chão, limpar privada, catar os restos de comida na cozinha. Ao entender e aceitar a maneira como as coisas funcionavam, identificando as lideranças a serem acatadas e os deveres a serem cumpridos, não despertou desavenças. Restou-lhe a acomodação ao cotidiano lento e claustrofóbico da cadeia. Sufocante.

Foi liberado numa manhã nublada, com a advertência de que se o pegassem de novo não teria a sorte de ir para a cadeia. Iam se certificar de que ele ficaria "preso sete palmos abaixo da terra".

A única vez que sofreu um flagrante durante toda a carreira custou-lhe a perda de quatro meses de vida e do nascimento do filho, em 16 de novembro de 1975. Marcou também o começo do fim da relação com Aldacy. Em sua ausência, o primogênito foi registrado num popular cartório do Belenzinho, bairro paulista, com o nome de Silas Andrade da Conceição – um "s" separando-o do pai. Virou o Júnior.

Para piorar, de volta a São Paulo e com a relação tendo resistido por pouco ao tranco da prisão, uma ação policial de rotina levou-o a uma ala de triagem do Carandiru, o pavilhão 2. Dessa feita sem provas materiais, tudo se resolveu em dois dias, sem que fosse "distribuído" e tivesse de se arriscar no convívio dentro do presídio. Nada grave. Parecia.

Os contratempos e sobretudo Júnior geraram efeito inesperado: a dúvida. Um mal-estar imiscuía-se sorrateiramente no orgulho paterno e contaminava-o. Já havia aventado a mudança de profissão, não tinha a intenção de envelhecer no crime. O filho seria um sinal de que deveria antecipar essa decisão? Aos 24 anos, perto do ápice, do topo da cadeia alimentar em São Paulo, seria a hora de parar? E, se parasse, como parar? Como sobreviver e sustentar os seus? Após seguidas mutações, após as palafitas de Belém, o deserto de Brasília, a selva paulistana, em que se transformar?

As perguntas foram sufocadas, e a família formada com Aldacy naufragou na falta de perspectivas. Ela não achava possível que Sila abandonasse a marginalidade, em parte porque fazia o mesmo questionamento que o exasperava: como?

Somado a esse sentimento, havia o fato de que Aldacy estava cansada da família de Sila: o envio contínuo de dinheiro para mãe e os irmãos era sagrado, todos dependiam dele. Todos o sugavam, ela repetia. Um marginal com um bando de gente já feita para sustentar, que ainda continuava um conquistador incorrigível e que não podia ver passar um rabo de saia. De fato, não era essa a vida desejada por Aldacy.

Retornou a Belém. Aceitou a ajuda para criar Júnior. Ele os veria esporadicamente. E só.

Azar no amor, sorte no jogo. Finda a união e superados os acidentes de percurso, experimentou um salto profissional similar ao de um jovem que, bem-sucedido em uma empresa pequena, assumisse um cargo numa multinacional, ou ao de um artilheiro que, comprado junto ao Paysandu, arrebentasse no Corinthians.

Sua eficiência, muito acima da média, florescera sob pressão. Em 1976, varria o coração financeiro do país, intimidando os concorrentes que inadvertidamente cruzavam seu caminho. O caminho da equipe Cão do Sila.

Operava em dupla, eventualmente em trio. Odiava as patotas, compostas de quatro pessoas ou mais. Achava-as atabalhoadas, facilmente reconhecíveis e, pelo tamanho, descoordenadas. De um amadorismo imbecil. Nenhuma classe.

Já era uma das principais figuras do ramo quando, num dia despretensioso daquele mesmo ano de 1976, um episódio o alçou ao estrelato.

Sila entrava no ônibus ao lado de Porta e, ao emergir da escada, imediatamente estranhou o agrupamento de ladrões perto da porta de saída. Eram seis. Normalmente, ser atrapalhado por uma cambada de boçais, uns bandidinhos de segunda divisão, era uma das coisas que mais o irritavam. No entanto, aquele quadro o intrigou. As ações aconteciam da entrada à metade do veículo. Dali para a frente era seguir e descer. Mesmo para uma patota, a posição parecia ilógica. Inquiriu o parceiro:

– Ô, Porta, e essa patota aí, qual é a deles?

– Rapaz, é a Turma do Balão.

– Eles não andam em patota.

– Andam, sim. Agora eles andam em patota, é negócio de agora.

A Turma do Balão, um pessoal de primeira, todos paulistas. Nome forte, suficientemente forte para desanimar qualquer desavença ou enfrentamento territorial. Por isso o inusitado daquela atitude: o grupo parado quase na saída do coletivo, dando um mole ferrado. Não resistiu.

– Porta, é o seguinte: fica ligado que eu vou lá na frente ver qual é.

Entre empregadas domésticas carregadas de compras, office boys e secretárias voltando para suas firmas com pastas e bolsas nos ombros, garotos com caderninhos e crachás de jornalista, além de outros passageiros que lotavam o ônibus, Sila esforçou-se para avançar sem causar incômodos. De paletó impecável, barba bem-feita, andar suave, boas maneiras, talvez fosse, entre todos, o menos suspeito.

Os membros da Turma do Balão se embolavam em torno de alguém. Notando a aproximação, fizeram menção de impedi-la. Porém, indecisos, afrouxaram o cerco sob a carga de Sila, que furou o bloqueio. O motivo da indecisão era compreensível: no centro da patota, em pé, erguia-se um PM – um PM da Rota, as Rondas Ostensivas Tobias de Aguiar, batalhão especial que se notabilizara pelas ações contra a luta armada, pelo treinamento diferenciado e pela ausência de escrúpulos quanto a espancamentos e assassinatos. O policial segurava com a mão esquerda a alça de apoio presa ao teto e, num dos bolsos traseiros da calça cáqui, o direito, carregava um bolo de dinheiro recém-saído do banco, fresquinho, esticado e preso com uma faixa branca – e ofuscado pelo cabo de um revólver.

Sila analisou o PM. Tinha os traços desleixados, a feição carrancuda, o queixo pesado, o pescoço grosso riscado por veias saltadas que, raivosas, resumiam sua aparência e seu estilo. Cara de matador. A grana que pulava do bolso do policial era um belo prêmio. Não à toa atraíra tantas moscas. Mas se tratava de um risco desnecessário. Impensável. Um risco que, conquanto hipnotizada pela tentação, a Turma do Balão não correria. Só que Sila não era a Turma do Balão. Da Rota ou não, o alvo não acreditava na possibilidade de ser abordado e, assim, cometia um pecado primordial: a arrogância. Sila, em resposta, cometeria o seu: a vaidade.

– Vou *fazer* esse filha da puta, concluiu.

Sob os auspícios da amedrontada patota e camuflado pelo amontoado de gente espremida, acomodou-se atrás do policial, ciente de que Porta o monitorava. Levantou o joelho direito e encostou-o na coxa da vítima, duas vezes, testando sua sensibilidade. Olhava seu rosto, acompanhando cada gesto, por mínimo que fosse. Continuou. Dobrando o braço como para se proteger de um esbarrão, encostou de leve o cotovelo na alça da arma, que balançava ligeiramente, no ritmo do veículo. O filho da puta estava morto de cansado. Provavelmente passara a noite inteira sem dormir, de plantão.

Porta alcançara Sila e, braços colados ao corpo, passou-lhe a tarrafa – um papel duro e enrolado em formato de cano. A ferramenta para o último teste. Com a tarrafa, puxou a alça do revólver, quase retirando a arma do bolso. Morto. Perfeito. Os dedos adivinhavam as distâncias, as pupilas cravadas nos olhos do PM.

Vencidas as etapas preliminares, os dedos livraram-se da tarrafa, devolvida a Porta, e beliscaram o dinheiro. Era o bico de urubu. O alívio no volume do bolso de trás da calça cáqui foi, então, pacientemente executado. Não se fez notar. O paletó de Sila se abriu, a transferência consumou-se, hora do adeus. Um adeus atencioso, para não gerar mágoas perigosas – muito perigosas.

Ultrapassou o PM, fingindo que ia descer do ônibus. Não desceu. Parou. A Turma do Balão precipitou-se. No que os seis desembestaram, cenhos se franziram. O PM acordou. Cacete, o dinheiro. Ladrão. Sila não moveu uma palha. Os passageiros berravam. "Ladrão." "Eu vi." "Eu também." "Safadeza." "Foram eles, bando de ladrões, esses que desceram." "Eu conheço. Foram eles. Tudo ladrão." O PM saltou do ônibus desabalado, em perseguição.

– Odeio patota – repetiu Sila para Porta um ponto depois, ao desembarcarem calmamente.

O golpe, relatado e aumentado pelo telefone sem fio do crime, fez dele um astro. O maluco que roubou a Rota, carinhosamente apelidada de "a polícia que mais mata no Brasil", temida e evitada até por bandidos sanguinários. O cabeça dos paraenses no Brás. O craque no bico de urubu.

Era o auge de sua carreira. O dinheiro fluía em abundância, alimentando os polpudos repasses para dona Augusta, a indelével caixinha, os gastos que lhe dessem na telha. Vivia-se o tempo da ditadura de Ernesto Geisel, que, abalada pelo choque do petróleo e pela oposição do MDB, insistia no sonho do Brasil Grande e ensaiava a distensão. Vivia-se o tempo das novelas que paravam o país, da ascensão da indústria fonográfica e da Black Music com Tim Maia e Jorge Ben.

Os novos tempos, como de costume, se materializaram em novas mulheres – na verdade, em uma menina, integrante da comunidade paraense do Brás. Envolveram-se fortuitamente. Ele procurava companhia para uma viagem, ela brigava com o namorado numa calçada do bairro, irritadíssima. O namorado desempenhava o papel do mais fraco: insistia na discussão porque não queria que a moça se mandasse.

Sila conversava com uma amiga, Erondina, dentro de um Fusca que combinara com um parceiro de levar a Goiânia. Para se distrair, dava notas às roupas que ela vendia, estocadas numa enorme mala de plástico. Interessou-se pelo bate-boca por causa da veemência com que a jovem o conduzia, como se estivesse com preguiça de esperar pelo fim da briga. Sila cutucou a amiga.

– Vem cá, Erondina, saca aquela menina ali brigando com o cara, aquele com cara de idiota?

– A baixinha?

– Essa aí. Já viu ela aqui no Brás?

– Já, já, conheço bem. Já cansei de sair com ela. Gente fina. Valda.

– Valda?

– Isso, Valda.

– Bonitinha.

– É, os homens gostam.

– É prostituta?

– Nas horas vagas. No resto, é colega tua, quer dizer, não com a tua manha, mas nunca se deu mal.

– Certo. Vem cá, é tua amiga, não é isso?

– É, já não falei?

– Falou, falou. Então chama ela, fala pra ela dar um pulo aqui.

– Pra quê? Não tá vendo o fuzuê que o sujeito tá fazendo?

– Dane-se o sujeito, puta cara de veado... Chama ela que você vai ver pra quê.

– Sim, senhor.

Erondina se esticou para fora do carro, virando-se de modo que Valda a visse.

– Ô, mulher! Ô, Valda, chega aqui, mulher!

Valda aproveitou a chance para fugir do namorado, que, desnorteado, ficou parado na rua. Sila calculara bem.

– E aí, Valda, como é que você tá, tudo beleza?

– Tudo, tudo.

– Então, esse aqui é o Sila, amigo meu.

Trocaram beijos no rosto.

– Opa, prazer. Cê é daqui mesmo, Sila?

– Não, linda, sou de Belém.

– Ah, Belém, é? Também vim de lá. Quer dizer, antes de São Paulo eu tava no Rio, mas nasci em Belém. Aqui no Brás só dá Belém, né?

– Terra de mulher bonita, embora poucas bonitas assim que nem você, meu amor.

– Obrigada. Tá comprando roupa com a Erondina?

– Tava escolhendo um vestido pra você.

– É mesmo, é?

– Tava escolhendo um vestido pra você usar comigo lá em Goiânia.

– Goiânia?

– Pois é, tô indo levar esse Fusca prum cumpadre meu lá em Goiânia e vim te buscar pra você ir comigo. Vamos?

Valda riu. Era um cara de pau, mas charmoso, boa-pinta, todo embecado. E era amigo de Erondina. Erondina não ia colocá-la numa roubada. E se saísse do Fusca ia acabar voltando para a discussão. Ou, então, o idiota do namorado ia ficar enchendo o saco até ela aceitar jantar com ele. Que raiva!

Era meio doidinha. Tinha 19 anos. Foi para Goiânia com a roupa do corpo e não um, mas vários vestidos, calças e tudo mais que escolheu entre as mercadorias vendidas por Erondina – incentivada por Sila, que opinava entusiasmado sobre cada peça selecionada.

Superadas algumas idas e vindas, a relação se firmou. Ainda em 1976, Aldacy estava fora do páreo, e Valda morava no Presidente, em um quarto separado – o fascínio pela estabilidade o cativara, mas não o bastante para se casar. De toda forma, para satisfação discreta de Valda, arrogava-se o papel de protetor – dela e especialmente de sua própria reputação, que, em São Paulo, lidando com membros de seu meio, de seu clã, precisava ser impecável, ilibada. São Paulo farejava a fraqueza e não a perdoava.

No frio inverno paulista de 1976, ao entrar no saguão do hotel na volta de uma viagem a Belém, onde passara um feriado com a mãe, Sila pensava em descansar. Mudou de planos frente aos reclames de certos colegas, que, ao notar sua presença, impediram-no de pegar o elevador, preocupados em lhe fazer um alerta.

– Um sujeitinho tentou agarrar tua mulher à força.

– Quem?

– O Orlando, um merdinha daqui do Brás mesmo. Um garotão, você sabe quem é. Vai no restaurante do Gilberto que tu encontra. Uns dez minutos atrás ele tava lá.

– OK, valeu.

O restaurante do Gilberto abrigava meia dúzia de gatos pingados, todos bandidos. Um *saloon* brasileiro do século XX. Era cedo ainda, cinco da tarde, e o silêncio era quebrado apenas pelo som dos talheres arranhando os pratos e das bocas mastigando sanduíches de carne assada. E, agora, pela entrada de Sila. Ele se sentou na mesa do "merdinha". O "merdinha" o conhecia, ficou nervoso.

– Boa noite, tá boa a comida?

– Tá boa.

Segurou a nuca de Orlando. A gilete cortou o ar sem aviso prévio, abrindo um sulco que ia da orelha direita à borda dos lábios do rapaz.

A pia do restaurante de Gilberto lavou o sangue do garotão, e as leis do Brás apagaram possíveis sequelas. Outras viriam, por outros motivos. Em breve.

Era 1977. Em cima da cama, uma mulher espreguiçava-se, coberta apenas por um lençol branco de algodão. No banheiro, Sila arrumava-se. Bigode portentoso, nem um fio fora do lugar, um bigode intimidador. Corrente de ouro no peito, pulseira de ouro no braço, anel de ouro no dedo anelar da mão esquerda, relógio cromado no pulso direito. Os cabelos escuros, indevassáveis, delineavam um contorno uniforme sob os cuidados quase maternais que lhes dispensavam os dentes bem espaçados do pente de mogno. Dos corredores do hotel reverberava o barulho de passos martelando o piso de madeira. Ouviam-se palavrões.

Nervosos, os agentes do Departamento Estadual de Investigações Criminais (Deic) contorceram a maçaneta da porta do quarto, que tremeu.

– Abre, porra! Abre que é a polícia! Abre, senão a gente arromba, caralho!

Valda deu um pulo da cama e jogou por cima da cabeça o vestido de seda branco que Sila lhe dera – e tirara – na noite anterior. Ele terminou de ajeitar o cabelo. A camisa vinho de gola alta estava pendurada no boxe para não amarrotar. Sila vestiu-a, deixando os botões abertos. Recebeu os policiais com polidez. Não tinha dívidas com a justiça e não havia flagrante.

– Boa tarde, doutor, estamos aqui eu e minha mulher. Qual o problema?

– Isso a gente vai ver agora. Vai todo mundo aqui pra delegacia, porra!

– Posso acabar de me vestir, doutor?

– Pode porra nenhuma. Mete o pé de uma vez, cacete! A mulher pode ficar aí que vamos verificar ela aqui mesmo. Você vai com a gente. Fecha logo essa porra de camisa!

O trajeto até o Deic foi rápido. Dada a quantidade de gente detida no Presidente, Sila seria forçado a mofar na carceragem por umas duas horas até baterem sua ficha e o soltarem. Esse era o estilo do Deic: prendiam em massa, verificavam antecedentes, pegavam dinheiro de quem estivesse com drogas, encarceravam quem fosse procurado por algum crime e liberavam os demais. Duas horas enganando o tédio e, depois, partiria para a festa do Canto do Galo, que varava a madrugada. Valda, com certeza, já estava sentada na cama vendo a novela.

Na cadência prevista, o carcereiro do Deic abriu a grade:

– Sila da Conceição!

Os policiais variavam, mas o teatro não.

– Carandiru.

Puta que o pariu!

Para um ladrão inteligente – e experiente –, entender o sistema é questão de honra. Seu cenário não tinha furos. O Deic ou achacava *in loco*, ou prendia quem tivesse condenação nas costas. Não era patrulha de rua, não era PM, não trabalhava no meio-termo. Só que havia um imprevisto.

Em sua primeira passagem pelo Carandiru, sem que o informassem disso, tinha sido aberto um processo. Ao sair, ele deveria ter comparecido ao fórum. Ausente, terminou julgado à revelia. Carandiru. Sentenciado.

Ficou abalado. Segurar as pontas por uns dias foi aceitável. Uma merda, porém aceitável. E da primeira vez sabia que não tinham como retê-lo. Virar freguês eram outros quinhentos. São Paulo não era Brasília, a cidade menina-moça, em tudo nova, juvenil, até nas cadeias. Cansara de ver neguinho entrar no Carandiru com penas ínfimas, de meses, e se enterrar por quatro, seis, vinte anos. Ou servir de comida para formiga. Lá, qualquer bobagem – uma acusação infundada, um desentendimento, uma implicância – tinha consequências funestas. Ecoava em seu crânio o título de um filme americano de 1975, *Inferno na torre*, cujos cartazes, espalhados pela cidade, causaram-lhe tamanha impressão que indagara a um amigo que sabia ler o que significavam.

Mais do que nunca, precisaria do seu talento para desaparecer. Deveria ser preciso e imperceptível. Quando levado ao xadrez naquela noite, junto com um companheiro do Brás também apanhado na rede do Deic, eliminou qualquer traço de arrogância que pudesse ser detectado.

– Olha, gostaria que os senhores me dessem as coordenadas aqui da cadeia. Não sou de São Paulo, sou de

Belém. Não sei como é que funciona aqui, mas quero fazer tudo direitinho. Se vocês puderem me indicar, eu agradeço.

Mandaram-no tirar a roupa e lavá-la no "boi", o banheiro. Lavou-as. Ficou de cuecas. Seu confrade não levou as exigências na esportiva. Ar de malandro, fala de malandro. A reação dos guardiões da ordem veio num brado retumbante:

– Dá umas porradas nesse otário e transfere!

Sila não voltou a vê-lo.

De volta ao pavilhão 2, finalizou a triagem que deixara inacabada em seu retiro precedente. Teve direito a palestras detalhando os mandamentos do local e a um tour guiado pelas dependências da hospedaria, de arquitetura inovadora em 1920, quando foi inaugurada, e interior medieval para a década de 1970.

Durante esse prelúdio, acionou um advogado. E recebeu a visita de Valda. Sila a desencorajou. Conhecia-a bem: limites, defeitos, inconstância, índole tão sinceramente apaixonada quanto maliciosa. E ela conhecia as regras dele. Mandou-a embora. Ela não aceitou.

– Me deixa quieto, Valda, tu tá liberada de qualquer negócio comigo. Tá liberada, tá entendendo? Eu tô aqui nessa parada, tô ferrado, tu não vai querer ficar sozinha, que eu sei que tu não é mulher de ficar sozinha. O melhor é tu partir, sem presepada.

– Cê tá maluco, que presepada? Não tem mais homem nenhum pra mim, não. Vou falar com o advogado, vou te tirar daqui. Não tem nada de ir embora. Eu vou ficar contigo e tu vai sair daqui!

– Valda, escuta o que eu tô te falando. Não tô te cobrando porra nenhuma, tu pode fazer o que tu quer. Eu não gosto de falsidade, tu sabe disso. Não tô te pedindo nada. Não quero saber de trairagem. Se é pra ficar comigo, é pra ficar comigo, e aqui eu não sou ninguém.

– Ô, Sila, me escuta você! Para de falar merda!

– Olha lá, Valda, eu tô te avisando, Valda, tô te liberando. Você sabe quem eu sou. Depois, se acontecer alguma coisa, se eu descobrir alguma coisa, se eu descobrir, você sabe no que vai dar. Eu aqui não tô te pedindo nada, por mim você não olhava mais na minha cara. Faz o que eu tô falando. Que você vai se arrepender, eu sei que você vai se arrepender, por uma ou por outra. Por uma ou por outra, isso não vai prestar.

Valda prometeu que entraria em contato com o advogado, retornaria na semana seguinte e não o trairia. Cumpriu duas das três promessas.

Passada a semana de triagem, foi transferido do pavilhão 2 para o pavilhão 9, destinado aos réus primários. De hierarquia instável, sem comando fixo, o pavilhão 9 era um lar de armadilhas insidiosas – e tragicamente explosivas, os anos ratificariam. Coincidentemente, a maior armadilha personificou-se em um velho sócio, um manauara que ele ajudara aos 18 anos. Punguista admirado no Norte, técnica de tirar o chapéu. Ganancioso e, na cadeia, imprudente. Ocuparam a mesma ala e se cruzaram. O colega de Manaus granjeara certa influência e queria redimensioná-la, imaginando contar com os préstimos do "conterrâneo" do Norte. Supôs que reencontrava o garoto de 1969 – o garoto "cheio de tesão de mijo", como se dizia – e tentou uma imposição disfarçada de proposta. Deu-lhe uma faca. No décimo segundo dia de prisão.

– Ô, Sila, pega aí que o Carandiru é nosso.

Se pegasse, começaria uma espiral de fácil antecipação. Soldado de uma facção, desafiando ou sendo desafiado por qualquer motivo. Brigas, facadas, mortes. Eterno presidiário. Se recusasse pura e simplesmente, ganharia um inimigo calejado, e o resultado seria idêntico. O colchão largado no chão nu viraria sua casa. Era uma espécie de assinatura do presídio paulista: entrar por um crime leve e, uma vez ali dentro, acabar sendo levado a condenações muito maiores. Transformaria o Carandiru no seu mundo.

Sila segurou a faca, sopesou-a, sentiu a lâmina, aprovou-a. Agradeceu apertando o ombro do outro, militarmente. Conversaram sobre Manaus, mulheres, filhos, contaram piadas, narraram golpes, ficaram em silêncio. Um papo longo. Jogadores do mesmo time. Sila devolveu-lhe a faca. Olho no olho.

– Irmão, tô contigo, mas a minha parada é sair daqui. Essa história não é pra mim. E mais: lá fora eu posso ser muito mais útil pra ti.

Convenceu-o. Escapou.

O décimo quinto dia de prisão trouxe a visita de Valda e boas novas: o advogado pedira a suspensão imediata da pena, visto que, entre a primeira e a segunda detenção, o acusado não se ausentara de São Paulo nem reincidira, sua condenação tendo sido o resultado infeliz da falta de notificação. Um equívoco.

No décimo oitavo dia de Carandiru, despediu-se dos amigos, entre eles um carcereiro que iria guardá-lo na memória.

Onze meses após o "inferno na torre", em 1º de março de 1978, nasceu Lindomara, com "a" no final, nome escolhido por ele. Ao ver a menina no berçário, chorou. Sila tinha 26 anos. Dois filhos e ainda no crime. Ouvia os ponteiros avançarem: tique-taque, tique-taque, tique-taque...

Soubera da gravidez no terceiro mês, em meio a uma viagem de negócios animada por uma formosa belenense, Mara. À época estava decidido a encerrar o vínculo com Valda. Já considerava aquele relacionamento uma concessão. Estava de bom tamanho.

Com ela no hospital, entretanto, parto – natural – arrematado, alugou uma casa de dois andares no bairro de Cangaíba. Perdeu uma tarde de trabalho para comprar os móveis. Ao buscar Valda na unidade de saúde, no Tatuapé, explicou que precisava resolver uma pendência e deixou-a no Presidente. Faltavam pequenos retoques na decoração: toalha de mesa, tapetes, almofadas. "Volto já." Seis horas e nenhum sinal de vida, Valda desceu do quarto com Lindomara e perguntou na portaria se Sila estivera ali, se dissera alguma coisa.

– Ele se mandou.

– Como assim se mandou?

– Pagou o quarto dele e o seu e se mandou. Se despediu de todo mundo aqui na portaria.

Abandonada. De resguardo e abandonada. Voltou para o quarto. O sol se punha. Valda ninava a criança e observava da janela as pessoas andando nas ruas do Brás. Barulho no corredor. Não era o Deic. Sila abriu a porta e levou a mulher e a filha embora.

Acomodado em sua residência na Zona Leste, trouxe a mãe, a irmã Sueli e os sobrinhos do Pará. Seus proventos financiavam os dois andares e a sonhada presença de Augusta.

Em breve arcaria também, além de sua contribuição na criação de Júnior, já bem amparado por Aldacy, com parte do sustento de seu segundo filho homem, Edson, que nasceria em alguns meses, fruto de sua relação com Mara. Os meninos ficariam com as mães, mas Lindomara, decidira, cresceria ao seu lado, do seu jeito. Rodeada de gente só para cuidar dela.

Gostava de ficar com a filha, aprendeu a trocar fralda, dar mamadeira, fazê-la arrotar e dormir. Lindomara emitia um risinho agudo, batia as mãozinhas na perna, desajeitada, e apontava o dedo para os mais variados objetos. Enfezada e curiosa, dificilmente se assustava. Davam-se bem. Completara um ano quando Sila anunciou, de repente, que ia resolver uns assuntos em Belém. Inadiáveis. Não demoraria nem uma semana, asseverou.

Decorridos dois dias, Valda recebeu o convite sem pé nem cabeça do Japonês, um dos melhores amigos do casal. Por que rumar no encalço de Sila, um percurso que beirava cinquenta horas de carro, se ele mal ficaria fora?

– Vamos comigo. O Sila vai gostar de ter ver na surpresa, vai por mim.

O Japonês insistiu tanto e tão enfaticamente que a convenceu. Com Lindomara segura sob os cuidados do séquito familiar, pegaram a Estrada dos Bandeirantes à noite. Tranquila, afora os cães que insistiam em cruzar a pista, suicidas.

Valda percorria a etapa final dos três mil quilômetros que separam São Paulo da capital paraense, e Sila dirigia-se ao Acampamento. Por meio de um telefonema do Japonês, sabia que eles estavam chegando. Conforme o programado.

Após atravessarem uma das dezenas de pontes que cruzavam a favela, avistaram Sila num bar de esquina. Valda achou engraçado vê-lo num bar sem nem um copo na mesa. Bonito. Aéreo. Todavia, a expressão desprovida de surpresa confundiu-a. Ele se levantou.

– Oi, meu amor, fez boa viagem? – averiguou, meigo, ao dar-lhe um beijo no rosto, um beijo que se prolongou após terminar, os lábios duros, imóveis. A barba áspera, anormalmente áspera, arranhou-a. A mão de Sila segurava sua nuca. Valda ia abraçá-lo quando um rio abrasador irrompeu na borda esquerda do seu rosto, inundando-a de dor. Gilete.

– Eu te falei, eu te disse pra ir embora e não olhar mais na minha cara, não disse? Eu sei, Valda, eu sei: eu sei do Paulinho, eu sei que você me traiu, eu sei que a Lindomara não é minha filha. Você me marcou, e agora eu marquei você. Eu te avisei.

E para o amigo:

– Japonês, leva ela pro hospital.

5 O lobo troca de pele

O ônibus São Paulo-Belém fazia as últimas manobras antes de estacionar na rodoviária da capital paraense, e Sila já havia se posicionado rente à porta do veículo. Fora o primeiro passageiro a embarcar. Seria também o primeiro a se despedir do motorista que o trouxera de volta para casa.

Enxugou o suor do rosto com a borda da camisa, pôs a mochila nas costas, pegou a surrada mala de couro no bagageiro – a única da qual não se desfizera – e verificou as horas. De relance, viu a frase que, ditada a um tatuador paulista, carimbava metade do seu braço, do cotovelo até o pulso, a frase que tatuara sem saber ler, mas cujo significado conhecia bem: "Querer é poder." Ambulantes vendiam refrigerantes e salgados, armazenados em isopores velhos e desbotados que traziam dependurados em seus ombros, castigados pelo sol escaldante. Sila comprou uma Coca-Cola – gelada, felizmente. A coluna e as pernas lhe doíam, trituradas pela viagem. Resolveu caminhar um pouco.

Abandonara a cidade e a profissão que haviam premiado exemplarmente sua ambição. Carros, casas, roupas, relógios, nome. Riqueza, elegância, prestígio. São Paulo e o crime: o centro do mundo e o mundo em que construíra sua reputação ao longo de dez anos. O mundo que arrancara sua família da miséria. O mundo no qual tinha tudo.

Tudo ficara para trás.

A decisão fora inevitável. A decisão, tomada um mês antes, impusera-se em 1958, aos sete anos de idade, quando se afastou da mãe para morar na rua. Aos sete anos de idade envolveu-se com Jacira, aos sete anos de idade superou a tuberculose, aos sete anos de idade gastou cada centavo que tinha para tentar salvar Marimar, aos sete anos de idade conquistou Belém, Brasília, Goiânia, aos sete anos de idade desfilou na Avenida Paulista e invadiu São Paulo, aos sete anos de idade assumiu com amor incondicional uma filha que não era sua e vingou-se cruelmente da traição que a gerara.

Aos sete anos de idade, muito antes de ouvir a música de Raul Seixas, decidiu que não viveria "esperando a morte chegar".

Deu um último gole. Amassou a lata de Coca-Cola e arremessou-a sem direção. Observou-a quicar no asfalto e cair do outro lado da rua, vazia.

Depositou suas posses em cima da cama de solteiro de um quartinho do Acampamento cedido por um amigo. Tomou banho, vestiu uma bermuda e uma camisa – simples, mas bem-apresentáveis – e foi para o mercado. Do crime, trouxera a história, não o dinheiro. Se acendesse uma vela para Deus e outra para o Diabo, nenhum dos dois lhe atenderia. Precisava de um emprego.

O cheiro acre do Ver-o-Peso era o cheiro da infância. As pessoas de sempre. Para ele, adepto fervoroso da evolução das espécies, o cenário, ainda que agradável pelas lembranças que evocava, era grotescamente imutável. Engessado. Atrás dos talhos, alguns jogavam conversa fora, alguns afiavam facas, alguns contavam notas recebidas dos clientes. Aqui e ali, abafadas pelo burburinho das transações em curso, distinguia vozes conhecidas. "Em Belém de novo, chefe?" "Quem é vivo sempre aparece." Sorria, curioso. A simpatia se manteria ao descobrirem que, dessa vez, ele chegava sem nada? Será que acreditariam?

Ao avistar Celestino Palhares, caminhou em sua direção pausadamente. Recebeu um abraço afetuoso, proporcional ao tempo transcorrido desde o último encontro. As reticências que adivinhava no ex-patrão não impediram que se emocionasse. Entregou-se ao abraço. Palhares puxou conversa – melhor assim.

– Pois é, rapaz, você batalhando lá em São Paulo, e nós aqui no meio dos peixes... Ficou sabendo da Núbia, minha mulher?

– Não, não. Sabendo o quê? O que que houve com ela?

– Pois é, tô te falando, a vida que vai seguindo, né, rapaz, lá e cá. A Núbia morreu.

– Morreu?

– Pois é, foi tudo de uma vez: ficou doente, os médicos não sabiam o que era. Primeiro negócio de tumor, depois outra coisa. Foi piorando e morreu. Tudo de uma vez.

– Que coisa... Fico muito triste em saber. A Núbia era boa gente.

– Era, era boa gente, boa mãe. Quando Deus quer, não tem jeito.

– É verdade, quando chega a hora não tem jeito.

– Mas e você, como é que vai a vida? Me disseram que você levou dona Augusta pra São Paulo? E ela?

– Levei, levei, sim. Tirou São Paulo de letra. Tava como o diabo gosta. Só que daqui a pouco chega de volta, vem morar comigo aqui em Belém.

– Como é que é? E você vai voltar pra Belém? De vez?

– Isso aí.

– Que papo é esse rapaz? Vai largar o filé-mignon pra ficar com o osso? Tá maluco?

– Vou largar, não, já larguei. É por isso que eu vim aqui. Quero trabalhar contigo.

Sila era cria do Ver-o-Peso. Sua carreira era um dos assuntos mais populares entre peixeiros e donos de talho. No Ver-o-Peso, ele ocupava o espaço de um ator de novela, com os ingredientes costumeiros: admiração, inveja, elogios, mentiras. O ex-patrão riu. À sua frente, no balcão de dois metros de comprimento por um de largura, escamas de diversos tamanhos reluziam como pequenos cristais. Os olhos arregalados dos peixes demonstravam tanto espanto quanto os de Palhares.

Sila aproveitou a pausa e pegou um avental salpicado de entranhas que se estendia em cima de um banco de metal, atrás do balcão. Passou a alça do avental pelo pescoço e amarrou-o na cintura.

– Você sabe que eu seguro as pontas. Te garanto que vai ser um bom negócio pra você e pra mim. Minha vida de ladrão acabou. O que eu tinha em São Paulo ficou por lá.

O camaleão incorporou as novas cores, integrando-se ao cenário aparentemente imutável do Ver-o-Peso com a habitual diligência. Acordava de madrugada, acabava o serviço à noite. Limpava, cortava, vendia. O cheiro da infância era novamente o seu cheiro, o avental manchado tomara o lugar do terno de linho.

Em questão de dias, como anunciara a Palhares, chegou a sua mãe. Lindomara e Valda só viriam de São Paulo meses depois. Valda resistia à mudança, apegada à cidade e ao estilo de vida que levavam, bancado pelos roubos e pela prostituição. Nesse meio tempo, Sila ensaiou uma retomada com Aldacy, em quem imaginou encontrar porto seguro – dona do próprio negócio, trabalhadora, confiável, apaixonada. Aldacy não aguentou as incorrigíveis traições e expulsou-o de casa de mala e cuia. Envolveu-se então com Julita, e dessa vez foi ele o traído. E abandonado. Finalmente, Valda decidiu-se a acompanhá-lo. Estava grávida de Igor, que nasceria em 22 de dezembro de 1979.

Brigas daqui, brigas dali, alojaram-se numa casa modesta, em rua de terra batida, ao lado do canal que atravessava o Acampamento e transbordava em dias de chuva forte. Dona Augusta, Lindomara e Valda dormiam no quarto, e Sila ficava no chão da sala, entre baldes estrategicamente dispostos embaixo das inúmeras frestas no teto.

No mercado, a maioria encarava sua transferência de endereço e de profissão com enorme ceticismo. "Deve ter um esquema aí." "Esse cara é malandro de nascença." "Bandido é bandido." Dentro do previsto. O engraçado, refletia, é que os sujeitos que gostavam de fofocar não teriam aguentado meia hora trabalhando sob a pressão de serem presos, desfigurados ou mortos.

Acostumada com a liberdade e as facilidades de São Paulo, Valda pressentia em Belém o declínio da relação. Por um lado tentava apoiar Sila, por outro resistia ao cotidiano tedioso, opressor e, acreditava, sem perspectivas. O ambiente degradava-se ainda mais com a ostensiva infidelidade dele. Cobranças e ofensas eram uma constante. Os embates se sucediam, e ela pensava constantemente em voltar. Contudo, não ousava desafiá-lo – não a esse ponto.

Sila punha comida na mesa e impunha um dia a dia espartano. Somente o estritamente necessário. Tinha um objetivo e o alcançaria a qualquer custo. "No futuro lhe agradeceriam." Superada uma pneumonia de Lindomara, Valda tombou por dois dias com tosse e febre alta. Sila levou-a a um posto de saúde sabendo de antemão o diagnóstico. Já conhecia aquele fantasma. A tuberculose forçou-a a internar-se no Hospital Barros Barreto.

Aos infectados era recomendado o isolamento e, aos familiares, o mínimo contato possível. Sila não aceitou as orientações dos profissionais do Barros Barreto. Ameaçou os médicos que tentavam impedir seu acesso à área restrita aos doentes, guardada por um portão que lhe recordou a entrada do Carandiru. O diretor do hospital afirmou que apelariam para a polícia. Por fim, cederam.

Visitava Valda diariamente na asséptica e bem-vigiada prisão de tuberculosos, onde ela usava um avental puído similar aos do Ver-o-Peso, só que verde-claro. Depois, Sila ia para casa, tão limpa – na vida pessoal, experimentava a mesma organização que o guiava nos negócios – e tão descampada – afora uma cama e uma cadeira, não havia móveis – quanto o hospital. Tirava os sapatos, fazia comida. Dona Augusta punha Lindomara e Igor para dormir. Sonhavam embalados pelo barulho da água gotejando nos baldes de plástico.

O sanatório não era animado nem bem-cuidado como o que frequentara em Brasília, na pele de um perigoso contrabandista, mas o tratamento foi ministrado corretamente e funcionou. Em dois meses, Valda estava curada, esforçando-se para suportar outros martírios: o convívio com Sila, as traições, as privações.

O segundo baque veio de fonte insuspeita, às quatro da manhã de uma quinta-feira. Estrelas resistiam no céu. Sila se levantou, deu uma olhada no beco poeirento que a janela da sala enquadrava e abriu a porta do banheiro. Deparou com uma sacola que atravancava a passagem, encostada à parede. A mãe falava ao telefone, baixinho. Estava sentada na solitária cadeira, cujo estofado ela havia costurado na semana em que Valda tivera alta. Ele se aproximou lentamente.

– Tá falando com quem a essa hora, minha mãe?

Dona Augusta não conseguiu disfarçar o susto e, por isso, assustou o filho.

– Quem é, minha mãe? Responda!

Ela fechou a cara. Impassível. Sila tinha a quem puxar.

– Sua irmã. Tô dizendo pra ela o horário que vou chegar em São Paulo.

– Que São Paulo? Do que a senhora tá falando?

– Voltar pra São Paulo, meu filho. Aqui a vida tá complicada pra você. Eu não quero ser mais uma boca pra te dar despesa.

Silêncio. O ar queimava seus pulmões e o impedia de respirar. Trocaram de posição, como num filme de Charles Chaplin. Dona Augusta ficou de pé, Sila sentou na cadeira. Uma cena tragicômica. Ensaiada. A sacola encostada na parede não podia estar ali. A mãe não desertaria justamente agora.

Perscrutou mecanicamente a sala. Em cima da mesinha que sustentava o telefone, coberta por uma toalha de mesa com apagados desenhos de gatos, árvores e pássaros, a passagem de ônibus o afrontava. Em cima da mesinha, esparramada. Acusatória.

Então era assim. Então o apoio que o conduzira até no crime tinha um limite. Então era somente ele. Adeus, amuleto. Adeus, companheirismo. O dinheiro do crime, que dona Augusta condenava, era aceitável; o sofrimento, não mais. O reencontro com o passado era demais para a mãe.

Dona Augusta vislumbrou os pensamentos do filho e rebateu-os com impaciência. A impaciência que proibia Sila e os irmãos de ficar jogando bola até tarde. A impaciência que não precisava de palavras para se expressar. Que o proibira de desistir. Ficaram os dois imóveis, por quinze minutos ou por uma hora. Ela lhe entregou sua Bíblia.

– Meu filho, não importa onde a gente esteja, nós dois estamos sempre juntos. Juntos no nosso amor e no amor a Deus. Você vai conseguir.

Fez um carinho na cabeça dele e, com a testa encostada na sua, moveu sutilmente os lábios numa oração. Pegou a sacola e atravessou a porta de entrada, pisando no chão rachado e enegrecido com suavidade e decisão.

O relógio marcava sete da manhã. Valda e Lindomara apareceram na sala. A menina tinha nas mãos um bicho de pelúcia desbotado, Valda bocejava e desembaraçava os cabelos com os dedos. Sila, exatamente no mesmo posto, exibia a boca semiaberta. Valda chegou a pensar que fosse um derrame ou algo do gênero. Mandou a menina para a cozinha enquanto verificava.

– Sila, ô, Sila... Tá tudo bem? Viu assombração, homem?

Ele respondeu com um pulo. Um animal surpreendido roubando comida. Olhou-a sem vê-la, reparou em Lindomar na cozinha, pegando um copo de vidro ainda com o adesivo – geleia de mocotó, o símbolo dispensava as letras. Saiu.

Depois de exatos 399 dias no Ver-o-Peso, um ano e 34 dias contados, pôs em marcha a etapa subsequente de seu projeto. Com uma pequena margem de erro, um ano fora o período necessário, como havia imaginado. O período de acumulação. De preparação. Trabalhando dezesseis horas por dia e tendo com isso assumido o comando de metade do talho, numa espécie de sociedade com Palhares, Sila conseguira juntar a quantia certa. A quantia para comprar a licença de táxi e dar entrada em um Fusca, num consórcio contemplado – taxas mais baixas que as de um empréstimo bancário e retirada imediata do produto.

Pagou aproximadamente um quarto do valor total, o restante financiou em 22 prestações. Seu Fusca 1980, na cor bege-jamaica, o esperava na Almirante Tamandaré, número 1.013, no Centro de Belém. Tinha cheiro de novo. Maçanetas e para-choques prateados, lanternas mais amplas, herança do modelo 1979, bancos acinzentados, tapetes negros brilhantes, portas forradas com um tecido aveludado, velocímetro circular que emergia de trás do volante. No caminho para o Acampamento, desceu os vidros e acariciou distraidamente o painel. O Fusca era um carro que resistia a tudo, um carro que se adaptava a todas as situações. Um sobrevivente.

A despeito das ótimas condições do veículo, estacionou na porta de casa e passou duas horas aspirando-o, lavando-o e encerando-o de cima a baixo, do teto às rodas. Repetiria aquele mesmo ritual de domingo a domingo. Não era questão de vaidade ou de apego material, e sim de qualidade, de diferenciação. Se o seu carro fosse o mais limpo, se tivesse o motor mais silencioso, o aroma mais agradável, o motorista mais educado, atrairia e conquistaria mais clientes.

Com o Fusca pronto, exauriu os ganhos do Ver-o-Peso na licença do táxi - placa AT 1179 - e debutou na praça. Perfeitamente dentro da lei, à exceção de um detalhe: faltava-lhe a carteira de habilitação. Dirigia desde adolescente, mas, analfabeto, nunca fizera a prova do Detran.

O ex-lanceiro emendava corridas ao longo de 24, 48 horas consecutivas. Não recusava nenhuma. Bebia café, Coca-Cola, enfiava a cabeça numa ducha ou pia em um canto qualquer e as mãos reassumiam o volante. Rodava no fim de semana e nos feriados – Natal e Ano-Novo incluídos, claro. O tempo que despendia na companhia do Fusca era infinitamente superior ao que concedia aos filhos.

"No futuro, eles vão me agradecer", repetia nas madrugadas mortas de Belém do Pará, nas estradas que levavam às casas de praia dos milionários locais, nas garagens dos condomínios da Avenida Nazaré. Repetia ao avistar bêbados proferindo xingamentos que ecoavam em ouvidos surdos ou em calçadas desocupadas, ao ver o nascer do sol com as pernas dormentes, esforçando-se para empurrar o acelerador, e com os olhos irritados pela luz esfuziante, ao traduzir em simpáticos boas-tardes, boas-noites e boas-festas os gritos revoltados que provinham do seu estômago.

"No futuro, eles vão me agradecer."

Em seis meses, Sila despediu-se das 22 parcelas. Estava preparado para o passo seguinte. Um táxi era pouco, muito pouco. Nada em sua vida era fácil. Sofreu seis acidentes com o veículo e teve de assumir o prejuízo, mas nenhum obstáculo o deteria. Ao adentrar o escritório do empresário Teotônio Orfeu, dono da maior e mais famosa frota de táxis de Belém, cumprimentou-o com o que viria a ser um slogan, uma assinatura comercial: "Prazer, Sila, ex-ladrão." A frase com que se apresentou funcionava como marketing e escudo. Não se livraria do estigma – antes, então, virá-lo a seu favor.

Orfeu, assíduo no Ver-o-Peso, conhecia a lenda. Gostava de gente confiante e foi com a cara do rapaz. Sentiu uma pontada de curiosidade de ver no que desembocaria aquela história. Ademais, Sila tinha um veículo totalmente pago que servia de garantia e mostrava que ele levava jeito para o negócio. O novato obteve, a juros bem acima do padrão, um empréstimo que lhe permitiu dar entrada em mais dois carros, contraindo uma dívida nada desprezível – ou, na linguagem dos "normais", assustadora.

A aposta funcionou. Somando o que angariava com os motoristas terceirizados aos rendimentos com seu próprio táxi, quitou em um ano tanto as prestações fixas junto à concessionária quanto a dívida com Orfeu. Entretanto, com uma pequena frota nas mãos, percebeu que não podia continuar crescendo aos trancos e barrancos, com empréstimos pontuais, tateando o mercado quase cegamente. Antes de avançar, precisava aprender. Evoluir. Interrompeu então o período inicial de aquisições e entrou para a frota de seu "benfeitor".

Na empresa, muitos o achavam presunçoso, marrento. Via de regra, provocavam-no com piadas do tipo "Malandro burro, *rapá*. Não sabe nem ler nem escrever e quer dirigir" e "Preenche esse recibo aí pra mim, ô paulista". Ou o "presenteavam" com cartilhas do Mobral, cadernos e lápis atirados na cabeça.

Até Orfeu, que admirava sua obstinação e de quem se tornaria grande amigo, se divertia com as piadinhas que os colegas faziam a respeito dele. No crime, a navalha teria voado do bolso. Na nova profissão, manteve a elegância. Ria com Orfeu. Era o preço, e se propusera a pagá-lo, de livre e espontânea vontade. Não tinha do que reclamar.

Estabelecera uma nova meta: ter cem táxis. Uma meta evidentemente inviável, ridícula. Não tinha experiência, não tinha dinheiro, não tinha porra nenhuma. Cem carros? Babaca. Ele se achava melhor do que os outros? Um bandidinho de merda que ia dar com os burros n'água e acabar fodido, lambendo chão de cadeia. Um zé-ninguém. Um otário.

Era, filosofava sorrindo e de punhos cerrados, o que seus colegas diriam. O que qualquer um diria. Poucos sabiam tão bem quanto ele o significado de determinação e coragem.

A distância entre Sila e Valda aprofundara-se na mesma velocidade com que ele avançara nos táxis. A despeito do nascimento de Will, o caçula, em 3 de março de 1982, o relacionamento, datado, acorrentado a um universo que se desidratara, ao universo de São Paulo, do Hotel Presidente, do Carandiru, esgotou-se. Com aviso prévio. Ambos haviam antevisto o desgaste – mulheres e sacrifícios demais, grana e diversão de menos – e a opção que lhes restaria, cedo ou tarde.

Soraia, nascida em setembro de 1955, filha de uma família unida, era caixa num estabelecimento que vendia ferragens e tinha um garoto pequeno, Everton

Cleysson, fruto de um breve e malsucedido casamento. O pai de Cleysson sumira após a separação e não o conhecera. Soraia prometera a si mesma que, dali por diante, se preocuparia apenas com o trabalho. Bastava de canoas furadas, bastava de contar com homem. Morava com os pais na Rua Alferes Costa, e sua mãe a ajudava a criar o filho. A casa ao lado, acanhada e espremida com a dela, era de sua tia, e foi justamente a casa que Sila alugou na época em que expirava o prazo de validade com Valda.

Apesar dos horários incomuns, seu olhar esbarrava constantemente com o da menina: de janela a janela, ao passarem pela calçada que dividiam, em cumprimentos apressados e sorrisos falsamente inocentes. Observavam-se e investigavam-se. Ele começou a segui-la no caminho para a loja de ferragens. Fingindo surpresa por encontrá-la, oferecia carona. Dia sim, dia não.

A timidez afável de Soraia, de gestos contidos, traduzia uma beleza interiorizada, a beleza de alguém capaz de cuidar e de se deixar cuidar. Alguém que significaria para Sila o complemento irresistível de sua reinvenção. Alguém para quem voltar.

A atração, no entanto, enfrentava diversas contraindicações – ao menos para ela. Se, ao desembarcar no Ver-o-Peso, Sila colidira com a desconfiança generalizada, agora batia de frente com uma desenfreada boataria. O sucesso rápido, rápido demais, parecia categoricamente inexplicável para aqueles que, com anos de estrada no táxi, haviam sido ultrapassados. Por outro lado, para os antigos colegas do submundo e da lei, ele era o cara que sempre trazia uma carta na manga. Avaliavam cada passo seu como uma tentativa de bater carteiras mais polpudas.

A partir desse conluio de impressões, corria solta em toda a cidade a versão de que os táxis eram uma fachada, um disfarce destinado a ser desmascarado em breve. Os pais de Soraia, que de início haviam simpatizado com o diligente e animado vizinho, convenceram-se e atemorizaram-se. Vigiavam a filha e a proibiram de ter contato com o bandido – além de tudo, um notório mulherengo, diziam suas fontes.

O cerco serviu para apressar o ritmo do romance. Soraia descartava as informações dos espiões do bairro. O rapaz, cuja dedicação ao trabalho a impressionava, descrevera em pormenores seu prontuário antes de qualquer aproximação. Diferente. Soraia deixou-se levar. O namoro prosseguiu nesses termos, meio às escondidas, até que a tensão atingiu o limite: Sila decidira que ela era a mulher certa, os pais impunham o rompimento.

– Se ficar com esse sujeito, não entra mais na nossa casa.

Ao anunciar que ia embora, Soraia despertou a fúria da mãe. Como podia trocar a segurança da família, a família que havia aceitado o fim de um casamento, que havia aceitado o filho abandonado pelo pai, a família que, Deus era testemunha, dera-lhe tudo, ensinara-lhe a ter valores, como podia trocar tudo isso por um bandido? Como podia ser tão ingrata? Como podia lagar tudo por um final feliz que, qualquer um sabia, não aconteceria? Como?

Sendo as palavras insuficientes, a mãe, num último e descontrolado esforço, interpôs-se entre a filha e a porta da sala, ameaçando-a com uma faca e com a possibilidade de nunca mais deixá-la ver Cleysson. Não adiantou. A faca tombou no chão enquanto Soraia atravessava a porta e partia.

A decisão dilacerou-a, e o medo de perder o filho por vezes fazia com que acordasse chorando na cama de casal que partilhava com Sila ainda na Alferes Costa. Questionava-se, arrependia-se e queria buscar Cleysson, mas o marido, autoritário, não concordava. Ele ficaria bem com a avó, afirmava, peremptoriamente.

Soraia aceitou, convencendo-se, com um misto de intuição e apego à religião, de que as coisas se ajeitariam. Intuição e fé infundiam-lhe uma convicção comparável ou superior à de Sila. Acreditava que ele subiria na vida e acreditava que era um homem bom. Acima de tudo, um homem bom. Ou talvez ela fosse vítima de uma paixão cega e irresponsável, como pensava sua mãe.

No início de 1983, os presságios maternos pareceram se materializar na forma de trâmites judiciais. Sila recebeu uma notificação – lida por um colega do Ver-o-Peso – determinando seu comparecimento à vara de família para definição da pensão alimentícia solicitada por Valda Torres. Traidora filha de uma puta!

Contou a Soraia, mal sufocando o ressentimento. Achava que Valda queria o dinheiro em proveito próprio. Além do mais, aquilo era uma armação, uma sacanagem. Soraia disfarçou o quanto pôde o receio e, firme, deu-lhe carta branca.

No dia da audiência, Valda usava um vestido amarelo, curto e decotado. Batia compulsivamente o pé no assoalho. Sila subiu as escadas do fórum confiante e bem-arrumado. Solene. O casarão cheirava a mofo, e as escadas rangiam sob seus passos. O juiz lhe concedeu a palavra.

– Excelência, peço a oportunidade de expor minha visão. A senhora Valda Torres, que pede a guarda e a pensão das crianças Lindomara da Conceição, Igor da Conceição e Will da Conceição, não tem emprego, não tem profissão reconhecida, não tem endereço fixo, não tem renda comprovada. Ou seja, ela não tem nenhuma condição de assumir a guarda desses meninos, com pensão ou sem pensão. Por outro lado, eu, como já comprovado, tenho emprego, renda e casa. Digo, ainda, que não sei se, de fato, sou pai das crianças, mas, pra mim, pai não é quem faz, e sim quem cria. De modo que aproveito a oportunidade para pedir que, no lugar da dita pensão, seja concedida a minha pessoa a guarda das três crianças. Acredito, inclusive, que a solicitante, Valda Torres, não vai se opor a essa solução.

O juiz a consultou, ela aquiesceu. Era melhor assim, sem briga – na sua experiência, brigar com o ex-marido não era uma ideia das mais brilhantes. E Sila era bom pai, as crianças estariam bem com ele. E ela poderia voltar para São Paulo, voltar para sua vida. E...

Dobrou as roupas de Lindomara, Igor e Will, separou-as em três pilhas, diminutas, e acomodou-as numa sacola grande de loja. Entregou a sacola a Sila, beijou e abraçou os filhos. Não houve explicações. Com o mesmo vestido que usara no fórum, Valda subiu no ônibus parado na rodoviária municipal. Sentou na poltrona contígua à de uma senhora enrugada e de cabelos cor de gelo que espirrava desesperadamente. Tremeu no instante em que o motor deu partida, ruidoso. E, em fevereiro de 1983, foi-se de Belém do Pará.

* * *

Com Sila na praça o dia todo – e, inúmeras vezes, também à noite –, Soraia, à época com 28 anos, assumiu de imediato a casa e a educação das três crianças. Lindomara era uma menina alegre. Por ser um pouco mais velha que os irmãos, tinha nítida lembrança de Valda, mas a separação brusca e o contato apenas esporádico iam se encarregando de afastá-la da mãe. Igor guardava sensações menos intensas, que foram esmaecendo. Will era um bebê. Em vez de madrasta, tornou-se mãe.

Transcorridos sete meses, sentindo-se culpado pela maneira como Soraia abraçara a família que engatinhava, Sila sugeriu, durante o café da manhã, distraído, quase irônico, numa frase meio perdida entre um pedaço de pão e um gole de café:

– Escuta, Soraia, agora que teus pais tão mais calmos, vai lá e pergunta se teu filho não quer vir morar com a gente.

Veio Cleysson.

Um ano mais tarde, acolheu o pleito de Mara, que achou por bem juntar os irmãos.

Veio Edson.

Cinco crianças.

Soraia fazia almoço, lanche, jantar, levava e buscava os meninos na escola municipal - de ônibus –, ajudava com os deveres de casa, controlava o que podiam ou não fazer, conhecia os amiguinhos, falava com os professores, lavava a roupa, cuidava para que tudo e todos estivessem sempre limpos e bem-arrumados, como o marido gostava, dava bronca quando aprontavam e os consolava quando se machucavam. Sila podia formular as regras, mas era no mundo de Soraia que elas se aplicavam.

A dupla funcionava afinadamente, exceto por duas divergências – essenciais –, que geravam atritos ocasionais. A primeira dizia respeito às cobranças severas do pai quanto a cumprimento de horários, obrigações domésticas, despesas, comportamento dentro e fora de casa - todas acabavam mitigadas pela mãe, que protegia as crianças. Já a segunda se dava em torno das punições físicas. Embora fossem vistas com naturalidade por Soraia, eram abominadas pelo marido e impedidas a qualquer custo. O "Saddam Hussein", como Sila ficaria conhecido no círculo doméstico, exercia sua ditadura sem concessões - mas também sem agressões.

A alimentação passava pelo rigor paterno, e a ótima cozinheira ficava restrita a um cardápio um tanto monótono: sopas – as mais simples possíveis –, feijão, arroz e almôndegas. Muitas almôndegas. Tantas que mãe e filhos, em tempos mais generosos, se recusariam terminantemente a revê-las, numa implicância irreversível. Em resposta aos pedidos de adendos ao orçamento alimentar, a frase de Sila repetia-se, seca: "Faz o que tiver que tá bom."

Mesmo com alguns táxis na praça, ele não permitia que ninguém utilizasse os veículos durante a semana para o que quer que fosse. Nos primeiros anos de vida, o caçula Will tinha constantes crises de asma e precisava de atendimento médico. Sila falava com Soraia ao telefone, queria informações, mas nem por isso parava de rodar, em hipótese alguma. Ordenava que ela o levasse ao hospital de ônibus.

Numa das ocasiões em que foi pessoalmente buscar o filho após uma dessas crises, passaram por uma barraquinha de cachorro-quente, e os irmãos instaram Will a falar com o pai. O caçula, então com cinco anos, era visto como o "queridinho". Arriscou-se.

– Só um pai, só dessa vez.

– Tem sopa em casa. Não tem necessidade de gastar dinheiro com bobagem na rua.

Will voltou os olhos tristonhos para Soraia, que lhe fez um carinho, sem dizer palavra. Comeram a sopa.

A prioridade – primeira e única – eram os cem táxis. De que adiantava ser o pai que não nega nada, de que adiantava comprar cachorro-quente e brinquedos caros para, depois, terminar no mesmo lugar em que começara? Não, esse erro não cometeria. Ele não venderia o amanhã para ter o hoje. Pesar e calcular.

Nenhuma economia, nenhum sacrifício seria banal, insignificante. Cada grão poupado era um alicerce, cada grão perdido seria recuperado em dobro.

Como estratégia, imaginava a todo instante que aquilo que conquistara havia se desfeito, desabado. Pensava não como quem filosofa vagamente sobre um cenário improvável. Não, ele inventava um roteiro completo, via cena por cena, projetava slides fictícios na parede e imaginava-se no interior de cada um deles. Escrito o roteiro, ele o obedecia como se realidade fosse, sem tirar nem pôr. Quanto mais seus negócios floresciam, mais resolutamente se amarrava ao roteiro da miséria imprevista.

As compras eram feitas de uma só leva, no supermercado e no Ver-o-Peso – para onde iam às cinco da manhã, em busca de melhores produtos e preços. Os mantimentos tinham de durar o mês inteiro, e não só para ele, Soraia e os filhos, como também para dona Augusta e a irmã Teresa, que, a essa altura, já haviam retornado, juntas, de São Paulo. Sila repartia tudo meticulosamente.

É claro: aos filhos, e mesmo a Soraia, tal rigidez incomodava. Em certas ocasiões, beirava o incompreensível. A frieza. A mulher se magoava com as cobranças: "Por que gastou tanto com comida?" "O dinheiro que te dei usou pra quê?" As crianças viam-no com um respeito reverencial, um respeito que refletia igualmente admiração e distância. Não se questionava uma ordem de Sila da Conceição, nem em pensamento, sob pena de uma condenação que, num olhar, provocava dor incomparavelmente maior que a de um tapa ou de uma surra de cinto. Para as testemunhas e os alvos de sua disciplina, o pai sabia ser exemplar e inalcançável.

Contrapunha-se a essa distância um angustiado carinho, que se manifestava de forma ora hesitante, ora enfática. Nos esparsos momentos de descontração em casa, deitava-se descalço na cama com os meninos, perguntava da escola, contava do trabalho, brincavam. Nas tardes de domingo, se não houvesse nenhuma corrida agendada, amontoava-se no táxi com Soraia e as cinco crianças, mais Júnior, e patrocinava, empolgado, excursões à Praia do Mosqueiro, a uma hora de Belém. De camiseta e boné, via os filhos correrem na areia, baterem bola, pularem nos seus ombros, rirem. Se o tempo não fosse suficiente para a excursão até a praia, iam passear e tomar sorvete no Centro da cidade.

Era a versão abrandada do "Saddam Hussein", que cresceria lenta e gradualmente, entre avanços e recuos.

Profissionalmente, a passagem de 1983 para 1984 carimbava o término de seu estágio. Estudara os detalhes da frota e da personalidade de Orfeu, pesara os sucessos e os insucessos, analisara os custos de financiamentos e juros bancários em comparação com o valor das diárias entregues pelos motoristas, estimara a rentabilidade mensal e anual do negócio. Cartas na mesa, Orfeu havia montado um sistema eficiente.

Tendo aprendido a andar, logo estaria correndo. Suas projeções delirantes de expansão se amparavam no dom excepcional para o cálculo matemático e na capacidade de assumir riscos – como batedor de carteiras, o risco era seu *habitat* natural. Ele enxergava o tabuleiro vinte lances à frente, e agora só havia uma jogada a fazer: buscar uma base de operações que lhe permitisse voo solo.

Para a ocasião, fez investimentos importantes: gravata e terno, uma noite inteira de sono. Levantou-se às seis da manhã, beijou Soraia, tomou o café que ela preparara, observou os filhos dormindo um ao lado do outro em colchonetes no chão do quarto, entrou no banheiro, borrifou o desodorante debaixo dos braços e no ar. Vestiu-se, arrumou o nó da gravata e o vinco da camisa, abriu a porta da sala, saiu. Sentou no banco do motorista com cuidado para não amassar a roupa, fez quatro corridas, estacionou o táxi na entrada do Banco Sul Brasileiro, trancou o veículo, pôs a chave no bolso. Entrou no banco, pediu para falar com o gerente, sentou-se em frente a ele, ouviu-o dizer seu nome, Celestino André, viu-o estender a mão, cumprimentou-o:

– Prazer, Sila, ex-ladrão.

Numa guerra, o fator surpresa é decisivo. O exército do batedor de carteiras aposentado crescia. Entretanto, ainda era frágil. O crédito bancário garantiria os suprimentos imprescindíveis ao progresso da campanha e, para consegui-lo, pôs na mesa todas as suas armas: seus carros, seu nome.

Celestino André conhecera vários motoristas de táxi. De gananciosos a iludidos, eles vinham atrás de seu aval. Certamente nenhum optara por tal nível de sinceridade, quase suicida, a respeito de seu currículo pregresso. O sujeito que sentava à sua frente desfiando o rosário inacreditável de sua própria vida, entremeando-o com cálculos e projeções, devia ser maluco. Um maluco profissional. Um maluco versado em finanças. Um maluco que, sabe-se lá como, não chegava de mãos vazias. Um maluco que podia dar lucros.

O primeiro empréstimo ratificou a ascensão empresarial e abriu espaço para que constituísse, na Alferes Costa, a base oficial do que viria a ser a Sila Táxis.

A partir daí, as pressões passaram a atingi-lo na proporção dos carros que sucessivamente ia financiando – e quitando. Superou largamente as expectativas do gerente Celestino André. Recebeu a atenção da mídia local, interessada em sua história. E o interesse da mídia aprofundou o já indigesto interesse da polícia, na qual tinha afetos e desafetos.

As batidas na Sila Táxis se tornaram rotineiras, assim como as revistas pessoais quando ele estava rodando. Soraia acostumou-se a receber telefonemas no meio da noite. Vozes desconhecidas e soturnas destilavam ameaças, alertando-a para a morte ou a prisão iminente do "safado do teu marido". Para Sila, a serenidade previdente que caracterizara sua relação com a lei desde adolescente transformava-se em revolta. O crime não o tentava mais; a violência, por outro lado, sim.

Entendia a lógica dos policiais. Sempre entendeu. Cada um cumpria o seu papel no jogo, sem ressentimentos, até com certa camaradagem. Opostos que se atraíam e se justificavam. Só que o jogo mudara, a sua vida mudara. Mudara também a sua lógica. Em seu novo território, na honestidade, não havia espaço para os velhos hábitos. Em consequência, ser honesto levou-o a correr perigos que, antes, jamais correra. Batedor de carteiras, se era abordado, portava-se educadamente – sim, senhor; não, senhor –, baixava a cabeça. Taxista, era irônico. Se ofendido, não hesitava um segundo em ofender. Se agredido, agredia. Apanhava, mas era preso por desacato – uma, duas, três vezes, num escalada de ações e reações.

Racional, descartava conscientemente a diplomacia do bandido, porque através dela não imporia a reputação que almejava. A diplomacia da subordinação não lhe convinha. Irracional e inconscientemente permitia que uma raiva represada por décadas fluísse sem barreiras, amparado moralmente pelo trabalho, pela dedicação, pela família. Uma raiva não só contra a polícia, mas contra a sociedade instituída, contra a ordem na qual ele adentrava a fórceps e com desdém.

Se quisessem persegui-lo, não moveria um dedo para impedi-los. Não baixaria a cabeça. A época de baixar a cabeça ficara para trás. A batalha, tão proposital quanto alucinada, fincaria garras na lembrança de Soraia e dos filhos. Passava novamente por um "inferno na torre". Ao longo da década de 1980, brigou com a polícia e com a justiça, e repetia para si mesmo: "Ou morro, ou chego aonde quero."

Belém, madrugada, 1985. Sozinha com as crianças, Soraia ouve o telefone tocar. Sem saber do que se trata, é como se já soubesse. Avisam-na de que Sila fora detido. Brigara com um policial e cuspira nele. Soraia se veste enquanto decide o que fazer. Contém-se, impedindo com dificuldade que as lágrimas corram. Por instinto, caminha até a janela. Um deserto. Na porta da casa da Alferes Costa, distingue um táxi. Um táxi de Sila. O motorista, bem-adaptado à dura rotina de trabalho imposta pelo chefe, dormia no carro, estacionado no local para economizar combustível.

Soraia acorda os meninos e lhes dá uma desculpa qualquer, aceita sem questionamentos por eles, ainda sonolentos. Toca a campainha da vizinha, que a recebe compreensiva. Com explicações novamente mal-ajambradas, deixa as crianças com a vizinha. Corre até o táxi e acorda o motorista, que a reconhece prontamente.

Rumo à delegacia.

Fim de tarde, fim de mês. Fevereiro de 1986. Sob o ainda discreto letreiro que identifica a empresa, Sila conduz uma inspeção de rotina. Verifica se bancos foram aspirados e, os capôs, encerados.

Um rádio de pilha toca os "sucessos da década de 1970". O locutor, voz romântica e grave, anuncia: "A próxima é do disco *Eu quero apenas carinho*, de 1973. José Augusto." Música do Brás e da Avenida Paulista. "Vidas que se acabam a sorrir/ Luzes que se apagam, nada mais/ É sonhar em vão tentar aos outros iludir/ Se o que foi, para nós, não voltará jamais." Não se lembra do título da música e não consegue ouvi-lo, atrapalhado por um motor que, alternadamente, ruge alto e se cala. Sila se concentra nos carros e na música. O título que lhe foge é "Luzes da ribalta".

De uma viatura saem quatro ou cinco policiais civis, armas na cintura, dois deles de óculos escuros. Cercam o táxi e Sila. Vêm averiguar uma denúncia. Não dizem qual, mas ele era constantemente acusado de rodar com veículos roubados.

Do lado oposto da calçada, curiosa com os gritos, Lindomara puxa a cortina. Ao ver o pai discutindo e tentando escapar das mãos de homens desconhecidos, que o seguravam com irritação, a menina não hesita. Sai em disparada e, em segundos, intromete-se entre ele e os policiais civis, aos berros:

– Não mata meu pai! Por favor, não mata meu pai.

Os meninos veem apenas o final da cena.

Rumo à delegacia.

6 Fé: a lei de Sila

Em meados da década de 1990, falar de táxi em Belém era falar de Sila. Prazer, ex-ladrão. A pequena portinha na Rua Alferes Costa transformara-se em uma loja de oitocentos metros quadrados, incorporando o espaço das oito casas vizinhas, compradas uma a uma. A sede da Sila Veículos. O primeiro Fusca exposto no pátio, o nome da empresa expondo seu dono.

Os boatos continuavam, sempre continuariam. A polícia, contudo, desistira da caçada. Aceitara-o em grande estilo. No final da década de 1980, uma festa selou a reconciliação. Um festão, com champanhe, comida chique, delegados, detetives, a nata das forças de segurança. Para comemorar o aniversário da empresa e o sucesso do empreendedor local, foram convidados desde amigos das antigas aos expoentes da sociedade paraense. Água mole em pedra dura...

Seu segredo era a habilidade e a mão de ferro, mesmo após os cem táxis passarem da loucura à realidade. Para quem andara torto, a exigência era dobrada. Nenhum pagamento atrasado, nenhuma irregularidade jurídica, nenhum imposto esquecido, nenhuma dívida pendente. Nada que servisse para acusá-lo, nada que pudessem usar para afirmar: "Tá vendo? Uma vez bandido, sempre bandido."

E nenhum funcionário que saísse da linha, que desobedecesse à cartilha. Argumentava, convencia, seduzia e, caso a sedução falhasse, punia. O taxista que insistisse em não trabalhar como ele determinava estava fora. Podia espernear, podia ameaçar, podia entrar na justiça.

No mundo de Sila, da porta para dentro e da porta para fora, valia uma regra de ouro: a das três chances. Pelo viés generoso, as três chances significavam que ele tolerava erros dos filhos, que procurava ensinar e não somente impor. Ou que apostava em funcionários arriscados, sem patrimônio e eventualmente, como ele, oriundos do crime. Pelo viés "Saddam Hussein", as três chances implicavam decisões automáticas e irrevogáveis – ainda que, por vezes, ele mesmo preferisse não as tomar.

Em casa, Lindomara, a única filha, inauguraria o tribunal.

Lindomara, a Linda, crescera uma menina cheia de iniciativa e opinião. Como o pai. Ou a mãe. A lembrança das brigas violentas entre Sila e Valda - por vezes nítidas, por vezes apenas uma sensação –, a disciplina exigida e a idolatria infantil em relação à figura paterna induziam à obediência. Ou, eventualmente, a alguns subterfúgios.

Aos 12 anos, tinha um grupo de amigos e, contando com certa tolerância de Soraia, fazia o possível para burlar o regime militar que imperava em casa. Com Sila constantemente ausente – no trabalho em Belém, em viagens para expandir seus negócios –, tratava-se de uma tarefa relativamente simples. Arrumou um namorado. Conhecia o gênio do pai e achou que a novidade pareceria alarmante até para Soraia. Cansara de ouvir os avisos: "Olha bem, Linda! Tu é muito nova pra andar por aí com esses moleques, não quero saber dessas histórias." Sila determinava: da escola para casa, da casa para a escola. Era melhor ficar quieta quanto ao assunto.

Ficou quieta e, como ninguém suspeitasse de nada, ousada. Curiosa. Naquela tarde, Soraia ia sair com os irmãos. Não apareceriam antes das cinco. Tempo de sobra.

Sentaram-se no sofá da sala, o rapaz mais tenso do que ela. Beijos desajeitados, mãos, medo, desafio. Os dois nus, os corpos colados, as roupas no chão. A porta da sala se abriu. Edson. Parado. O namorado correu, tropeçou, caiu em cima da mesa de centro, fugiu para o banheiro. Edson saiu batendo a porta, com estrondo. Linda pegou a camiseta e foi atrás do irmão.

– Vem aqui, Edson! Edson! Deixa eu explicar!

Talvez Edson não contasse nada. Afinal, eram da mesma idade, eram amigos. Pôs o namorado para fora pelos fundos, sentou-se no sofá, ligou a tevê, esperou. Sem fôlego. Esperou por uma hora.

Barulho de chave. Soraia mandou os meninos para o quarto. Linda, com naturalidade, perguntou se a madrasta estava bem, se precisava de ajuda com o jantar. Não precisava. Edson contara.

– Minha filha, você tem doze anos. Meu Deus! E no sofá da nossa casa? A casa da gente é um lugar de respeito. O que você tem na cabeça, Lindomara?

– Eu não fiz nada de errado.

– Como não fez nada de errado? Tu aprontou de novo, mas dessa vez tu aprontou demais. Tu desafiou teu pai. Eu não posso deixar passar, Linda, não posso deixar passar de jeito nenhum.

– Mas eu só tava com o meu namorado. Achei que não ia ter ninguém aqui. Não quis faltar com o respeito.

– Não quis, mas faltou. Tu ainda é menina, Lindomara. Pode pegar barriga, já pensou nisso?

– Você vai contar pro meu pai?

– Ele já tá sabendo.

– O que meu pai vai fazer?

– Tu tá proibida de sair pra rua. Um ano de castigo. Foi o que ele falou. E nem inventa moda, porque podia ser pior.

Nos meses seguintes, Linda ficou praticamente confinada ao convívio doméstico. Afora os pais e os irmãos, contato só com os professores. Colegas, só durante as aulas. A punição se estendeu aos presentes, aos passeios e à viagem de férias, em dezembro – prática que Sila também adotava caso alguém tirasse notas baixas na escola.

Em boa parte devido ao "incidente", mudaram-se. Rua Francisco Monteiro, no bairro de Canudos, uma casa melhor, o safado do moleque afastado, o mal cortado pela raiz.

Superado o período de reclusão, a rotina de Linda voltou ao normal: visita às amigas, bate-papos na calçada, rapazes. O ano sabático jogara-a definitivamente na adolescência e, no lugar do medo do pai, alimentara a rebeldia. A vida era dela, o corpo era dela. Entretanto, passou a ter mais cuidado – o sofá da sala estava descartado.

Soraia caminhava da igreja para a Francisco Monteiro distraída, observando as pessoas que passavam de um lado para outro, a chuva que ameaçava cair, os bancos da pracinha do bairro. Sentiu uma pontada no peito – o lapso infindável de segundos entre o que os olhos captam e o que o cérebro processa. Linda e um garoto alto se agarravam num dos bancos.

Soraia ouvia as palavras de Sila: "Não larga essa menina. Fica em cima dela 24 horas por dia." A responsabilidade era sua, deixara Linda solta novamente. Sila em Manaus, viagem de negócios. E agora, fazer o quê? Avisava o marido ou não? E ia dizer o que para a filha? Como lidar com ela? Adiantava esconder a história? Quando percebeu, entrava em casa, a praça ficara para trás. Sila ia descobrir, cedo ou tarde. Ele era o pai, tinha o direito de saber. Ligou para Manaus e foi varrida pela tempestade.

– Bota ela pra fora, tá entendendo? Pra fora de casa hoje, não me interessa pra onde! A culpa é sua, que fica passando a mão na cabeça. Chega de passar a mão na cabeça. A menina tem tudo, tudo. Eu dei chance. Não foi nem uma, nem duas, nem três. Não devia ter dado. A menina tem tudo e quer virar uma vagabunda, vagabunda igual à mãe. É coisa de sangue! Tá no sangue!

Soraia, com esforço, conseguiu interrompê-lo:

– É uma menina, Sila. Calma, não é assim. É nossa filha.

Para ele, já não era.

– Nossa filha? Vê bem, Soraia, deixa de ser trouxa. Quando eu chegar, não quero a Lindomara aí, não quero ver a cara dela, tá entendendo? Põe ela pra fora. E se não quiser obedecer pode ir junto com ela, tá entendendo? Pode ir junto com ela.

Linda fez a malas naquela noite. Soraia levou-a para a casa de uma tia distante, parente de Valda. No carro, as duas choravam: Soraia, culpada; Linda, com raiva.

Ao chegar de Manaus, Sila decidiu mandá-la para São Paulo, a fim de viver com Valda. Uma insólita viagem de avião reuniu o pai, a filha, Will e Igor. Uma das aulas do ex-ladrão convertido em ditador. Os meninos compreendam apenas vagamente o que acontecia.

Despediu-se de Linda com um beijo, sem expressão. Não seria o fim, mas um elo definitivo fora rompido. Ao caminhar pelas ruas de São Paulo, mãos dadas com Igor e Will, Sila resumiu a lição:

– Vocês prestem atenção numa coisa: não foi por acaso que Deus colocou a cabeça do ser humano em cima do coração. Emoção é para os fracos.

Admirava a camisa verde-quase-cinza exposta delicadamente sobre a cama, ainda no cabide. O lençol branco, esticado e liso, preso ao colchão, dava ao leito uma aparência imaculada, como a que se encontra em um hotel cinco estrelas. Mesmo a distância, era evidente a textura suave da camisa de algodão, passada e engomada. Nova.

O verde-quase-cinza harmonizava-se elegantemente com a pele bronzeada, os músculos bem-definidos, a barba bem-aparada, as unhas feitas, o perfume de discreta acidez derramado no pescoço e nos punhos.

Deu um longo "tapa" no baseado. Na porta aberta do armário de madeira recém-envernizado, ao lado da cama, o espelho o refletia da cabeça aos pés. Segurou a fumaça, os olhos ligeiramente apertados. Em silêncio. As ideias fluíam ininterruptas. Soltou vagarosamente a fumaça e observou a névoa que cobria seu rosto. Gostava da imagem refletida no espelho. E a maconha tornava mais interessantes suas conversas com essa imagem. Mais soltas.

– Tá bonito pra caralho, hein, filhote! Aposto que ninguém pensou que tu ia chegar tão longe.

– Eu nunca duvidei.

– Nunca?

– Nunca. Sabe por quê, filhote? Eu não vim na vida de cometa. Não sou teleguiado. Trabalhei o tempo todo pra aprender. Enquanto os normais queriam ganhar dinheiro, queriam se dar bem, queriam tudo fácil, eu prestava atenção. E tu sabe como é que eu aprendi? Aprendi a ganhar perdendo. Sofrendo. Eu adoro sofrer.

– Tu é guerrilheiro.

– É isso aí, disse tudo: guerrilheiro.

– E esse pretinho, é do bom?

– Do melhor.

– A erva da melhor, a camisa uma beleza, o cangote cheiroso, só que tu tem que decidir, não tem? Tu disse que não é teleguiado, não disse? Vai decidir o quê?

Era sábado, anoitecia. A dúvida martelava. Grana ele tinha, mais do que suficiente. Podia afrouxar o aperto. Ao menos um pouco. Ao menos nisso. O apartamento era espetacular, apartamento de novela.

Um quarto para cada criança, sala enorme, cozinha moderna, equipada, condomínio com garagem, piscina, quadra de tênis.

O apartamento ficava na Avenida Nazaré, avenida das esmolas, das carteiras surrupiadas, das madrugadas no táxi, das surras da polícia. A avenida que personificava a classe alta de Belém, que abrigava os bacanas, os "fodões". Os sacanas teriam de aturá-lo. Teriam de receber seus filhos.

Puxou duas, três vezes até a chama queimar firme novamente. Um último "tapa". Aos 10 anos, num descuido, Júnior o flagrara. Evitava fumar na frente dos filhos, mas naquela ocasião, imaginando-se sozinho, esqueceu a porta do quarto destrancada. Júnior viu o pai com o cigarrinho apertado entre os lábios, o isqueiro aceso na mão direita. Sila não se fez de rogado. Explicou didaticamente seu raciocínio.

– Júnior, escuta uma coisa: o que eu tô fazendo é errado.

– O senhor tá fumando um cigarro.

– É um cigarro diferente, maconha. Isso não é coisa pra você fazer, tá entendendo? Escuta bem: do que eu faço, você aprende o certo e esquece o errado, entendeu?

– Entendi.

Já vestido, com os olhos fixos no espelho, esmagou a ponta do cigarro no cinzeiro, tirou o telefone do gancho e discou.

Sou eu, Sila. Vou ficar com o apartamento. Posso passar aí em cinco minutos pra levar um papo contigo?

Edifício Verona, Avenida Nazaré, 1992. Sila entra no apartamento recém-comprado. Os filhos o acompanham, fascinados. Apontam para os quartos, para a cozinha, para as janelas, revistam cômodo por cômodo. "Esse aqui é o meu." "Ali dá pra pôr o sofá." "Isso tudo é a cozinha?" "Vocês viram o tamanho da piscina no play? É do tamanho da loja do pai!" Igor, Cleysson e o caçula Will, os remanescentes.

Edson, menos abruptamente que Lindomara, fora o segundo expulso. Arrumara seguidas confusões, batera o carro, dera festas, roubara garrafas de uísque. O retorno à casa de Mara foi a solução encontrada. Mas permaneceu em Belém e, após um curto período afastado, retomou o convívio com os irmãos.

Para Soraia, o apartamento confirmava a aposta na fibra do marido. E o conforto dos filhos a deixava feliz. Nem mais nem menos do que isso. Para Sila, as dúvidas eram abafadas, ainda que momentaneamente, pelo simbolismo do Verona, pela vista, pela animação dos meninos, pela correria, pelos comentários – "pai isso, pai aquilo" –, pelo volume das chaves no seu bolso. A razão podia ser deixada de lado por alguns minutos. Escondida embaixo do tapete da porta de entrada do luxuoso apartamento.

Para Cleysson, Igor e Will, a Avenida Nazaré era um mundo a ser descoberto. Criados como filhos de um taxista, jogando bola na rua, andando até a venda da esquina, passeando de Fusca, ouvindo as histórias do Ver-o-Peso e do Acampamento, amigos dos moleques da periferia, rapidamente conheceriam os jovens donos dos carros importados que enchiam a garagem do prédio, presentes generosos de seus pais empresários, advogados, médicos. Conheceriam no prédio e na tradicional escola para a qual seriam transferidos, ao lado de casa. No Verona entenderam: haviam subido na vida.

Marcela Cristina era uma mulher bonita. Por onde passava, deixava um rastro de exclamações discretas e cantadas explícitas. Magra, pele clara, cabelos castanhos na altura dos ombros, bem-vestida. Marcela Cristina era também uma mulher inteligente e, como Sila, tivera de aprender muito cedo a se virar sozinha.

Nasceu em Belém, em 16 de junho de 1964, treze anos depois do parto apressado do segundo filho homem de dona Augusta. Exatos treze anos depois: no mesmo mês e no mesmo dia que Sila da Conceição. Antes dos dez anos, trocou a infância pobre na cidade natal pela classe média alta de Recife. Com a morte da mãe, foi mandada para a casa da tia-avó paterna, num bairro nobre da capital pernambucana. A tia, dona de um ateliê de alta-costura, vestia as moças da sociedade, inclusive no altar, com belos vestidos longos, rendados ou lisos.

A tia era carinhosa, mas rígida. Os horários das refeições e dos estudos eram sagrados. Aos namoradinhos, se fossem confiáveis, bons alunos e tivessem boa situação financeira, permitia no máximo um beijo. Ir além disso era abuso e prenúncio de más intenções. Marcela, assim que chegou, aprendeu a costurar e começou a ajudar nos afazeres domésticos, a despeito da empregada. "Mulher tem que saber cuidar de casa", explicava a tia. Obedecia por convicção e interesse. Acordava cedo, geralmente às seis da manhã, sendo ou não dia de escola. Tinha o dever de colaborar, de aprender. Só à noite, antes de dormir, vinham as recaídas. Saudade, incompreensão. Raiva. Dentes cerrados, olhos fixos na parede, chamava baixinho o nome da mãe. Longe de tudo o que conhecia, largada em outra casa, em outra cidade, em outro estado. Um universo estranho, uma vida que não era a sua.

Os meses se acumulavam, a saudade se desbotava. A revolta perdeu-se no caminho. Aos catorze, quinze anos, cumpria rigorosamente sua rotina e havia incorporado os valores da tia – alguns deles.

Acatou a determinação de afastar-se de um menino com quem se encontrava na esquina. "Marcela, homem só quer saber de sexo, põe isso na cabeça."

Em seguida, dispensou por vontade própria outro pretendente, bom partido, dessa vez aprovado. Tentara agarrá-la, passara dos limites. Se deixasse, o rapaz ia achar que ela era uma prostituta qualquer.

Por outro lado, as preocupações da tia no sentido de que ela encontrasse alguém com dinheiro, status, não lhe importavam. O sujeito ser pobre ou rico era o de menos. Não queria depender de homem nenhum, de jeito nenhum.

Aos dezesseis anos, Marcela despediu-se de Recife. A irmã casara-se em Belém e resgatou-a do exílio.

Enquanto isso, Sila, aos trinta, abandonava as carteiras da Avenida Paulista, Marcela, aos dezessete, reconquistava a cidade onde perdera a mãe. Voltara decidida a trabalhar. A desconfiança em relação às intenções masculinas em geral foi relativizada. A confiança em si mesma, não. Namorou por dois anos e, aos dezenove, engravidou de uma menina. Aos 21, um menino. O casamento durou pouco. Aos 24, separou-se. Não houve litígio com o ex-marido, de quem se manteve próxima. Ficou com os filhos.

Casou-se de novo aos 25 – informalmente, sem papelada. Aos 26, trabalhava com o segundo marido numa firma que vendia brindes customizados para empresas: chaveiros, canetas, bonés. As divergências profissionais geravam conflitos diários e minavam o relacionamento, mas, com duas crianças, ficar sem renda própria não era opção. Já havia feito negócios com a companhia de táxis de Sila, e teve boa impressão – embora não soubesse de sua fama ou de seu passado. Chegou aos seus ouvidos que ele abriria em breve uma revenda de automóveis e estava selecionando pessoal. Foi tentar a sorte.

Entrou na revenda, ainda fechada ao público. Salão amplo, pátio cheio de plantas, fachada branca, carros novos. Imponente. Estava preparada para uma entrevista, uma avaliação. Apresentou-se. Sila, que fazia a seleção pessoalmente, lembrou-se do negócio dos brindes. Pediu a ela que se sentasse e chamou sua secretária, Flor. Marcela esperou, confusa. Flor apareceu.

– Flor, me faz um favor, tira as medidas da Marcela pra fazer o uniforme. Tem que estar pronto antes de uma semana. Quero todo mundo de uniforme no dia da inauguração, ok?

– Ok, seu Sila.

– Tudo bem, então, Marcela? Você vem para o treinamento amanhã e semana que vem a gente começa.

O cotidiano na revenda criou um princípio de amizade, de admiração mútua. Sincera, mas superficial, sem intimidade. Foram apenas onze meses, e um leve flerte da parte de Sila. Marcela arrumou um emprego melhor, e pararam de se encontrar. Até que ficou viúva. A primeira morte, a da mãe, levou-a a

Recife, a segunda obrigou-a a assumir a firma que estava em seu nome, e em situação difícil.

De volta à venda de brindes, recebeu, através de um vizinho, um recado do ex-patrão. Pedia que Marcela fosse vê-lo. Haviam decorrido quatro meses da morte do marido.

Precisava de alguma coisa? Soubera do acontecido e tentara entrar em contato com ela antes. Queria o emprego de volta? Não, não precisava de nada, somente que ele continuasse como cliente. Se quisesse algum produto, que comprasse com a empresa dela.

Sila gostava da menina, queria ajudá-la, mas não negociava na base do gostar. Marcela era honesta, confiável. Os produtos eram de boa qualidade, tinham bom preço. E, paralelamente à manutenção daquele bom negócio, ele planejava outro tipo de investimento. O flerte subiu de tom. A tática usual. Insistente, educado. Ia ser difícil, tinha de ir com calma. Esperou meses antes de fazer um convite. Chamou-a para um evento ligado à revenda, à noite. Marcela aceitou.

Era para ser um caso rápido, despretensioso. Atração física e ponto. Sila, descarado, pulava de galho em galho. Várias mulheres e uma só mulher: Soraia.

Marcela também não levava a sério. O cara era casado e, pior, safado. Só que, quanto mais ela resistia, mais Sila queria. A menina tinha personalidade.

Diferente. Ele se interessava por gente diferente, o resto servia como distração.

Era só atração física, mas Marcela tinha suas exigências. Quer ficar comigo? Então tem que assumir. Tem que pegar na mão, tem que andar junto na rua, tem que beijar. Não ia ficar se esgueirando, não ia fingir que não o conhecia. Sila costumava andar na frente, como se quisesse chegar primeiro a algum lugar. Com ela, tinha que andar lado a lado, de mãos dadas.

Só atração física, mas brigavam. Marcela, como Sila, apreciava os jogos e os testes. Como Sila, lia pessoas. Sua menstruação atrasou. Será que estava grávida? Se ficasse grávida, o safado desistia, com certeza desistia. Anunciou a gravidez. Ele adorou a ideia. E fez a proposta:

– Você quer tudo às claras? Vai ser tudo às claras: eu te assumo, só que tu tem que parar de trabalhar. Bora fazer um experimento.

Não.

Mas Marcela acabou perdendo pelo cansaço, pela provocação e pelo amor. O sujeito não desiste, é ele quem dita as regras, é ele quem manda, não é? Vamos ver se ele aguenta.

– É isso mesmo, Sila? Você não vai me largar? Então, vai ser do meu jeito. Amanhã quero um carro na minha garagem. Não interessa se eu vou dirigir, quero o carro nem que seja pra eu ficar olhando. E você não quer que eu trabalhe? Ok, mas eu não pago mais uma conta nessa casa.

Como na história da gravidez, previu decepção e recebeu euforia.

– Agora a gente vai ser feliz, você vai ver. Vou te dar tudo. Amanhã o carro tá aqui na porta.

Dito e feito. O amor dos dois era um carma, ela pensou.

Todo começo de tarde, Sila passava no apartamento. "Precisa de alguma coisa, minha querida?", perguntava. Um doce. Como ele dizia, a mãe escolhera chamá-lo de Sila, mas poderia tê-lo batizado de Gentil. O paraíso. Ou quase. Marcela entrara no jogo num impulso, de birra. O controle a sufocava. Sua ambição nunca fora a de ser bancada, a de ser uma boneca de luxo. Tinha planos bem distintos.

Sila vivia comentando que seu sonho era pôr um filho na universidade. Patrocinava os estudos de todo mundo que demonstrasse interesse. Divertia-o a ironia de um analfabeto abrindo as portas para os outros aprenderem. Representava uma de suas muitas vitórias sobre a sociedade. Era, entretanto, mais do que vingança.

Como não era apenas para se vingar da sociedade que pagava centenas de enterros de bandidos, cujas famílias ligavam em busca de ajuda. Todo mundo merece ter oportunidade. Pelo menos três. E o pobre, o marginal, o sem-dinheiro chora mais a morte do que o rico, porque não sabe como vai pagar o caixão.

Entretanto, tinha crenças contraditórias. "Mulher minha não precisa estudar, tem a mim", esclareceu diante do pedido de Marcela para que pagasse a faculdade dela. Ele dava as ordens. Ela ia deixando o barco correr. Mas também sabia jogar.

A segunda metade dos anos 1990 expandiu definitivamente as fronteiras de Sila. Viajava constantemente para Macapá, Manaus, São Luís, Fortaleza, Rio de Janeiro. Revendas, táxis, imóveis. Ele fiscalizava, inaugurava, comprava, revendia. Marcela a tiracolo. Levava jeito para a administração. Era interessada, perspicaz. Eficiente. Tão importante quanto: dormia onde tivesse

de dormir, acordava de madrugada, comia em botecos de beira de estrada. Atravessavam dias dirigindo carros que seriam vendidos ou utilizados como táxi. Desmaiavam com a roupa de viagem antes que conseguissem assistir às novelas – um dos vícios de Sila. Isso quando havia uma cama e um aparelho de tevê por perto.

Ele lhe delegava responsabilidades cada vez maiores: ler documentos, verificar balanços e, por fim, lidar diretamente com os funcionários. "Fala com a Marcela, depois ela me passa." Assim multiplicava ao máximo sua capacidade de trabalho – vício maior que o das novelas. Benefícios adicionais: Marcela não cobrava hora extra, ou qualquer hora, e contava com sua plena confiança.

Após anos seguindo-o em viagens pelo país, assumiu a loja Augusta Veículos, na Pedreira. Sila havia deslocado a gerente – outra ex – e não tinha ninguém para substituí-la. A missão caiu no colo de Marcela, ainda sem salário.

Assumiu e impôs seu estilo. Cuidadosa, detalhista. E sedutora. A primeira medida foi uma reunião de pessoal.

– Preciso muito da ajuda de vocês para conhecer melhor a empresa. Vocês não levem a mal, é a única maneira de eu trabalhar bem. Quero que vocês sejam meus parceiros.

Como Sila entendera desde o seu primeiro táxi, imagem é parte do negócio. As instalações da Augusta precisavam refletir apuro. Paredes, cozinha, móveis – renovou a decoração, controlando os gastos. Ao mesmo tempo, avaliava o fluxo de caixa e a gestão financeira. Havia inúmeros buracos, descuidos, desperdícios. As contas não fechavam. Os programas de computação estavam defasados.

O apoio dos funcionários garantiu as mudanças e, em um ano, o panorama se alterou completamente. Marcela ganhou o status de referência administrativa. Sila, impressionado, encontrou uma nova missão para sua pupila: a revenda de Manaus não ia bem.

* * *

Em 22 de dezembro de 1998, a dois dias da véspera de Natal, Marcela mudou-se para Manaus com os filhos. Sila passou a noite com eles, os quatro amontoados num colchão de ar. O apartamento, comprado pouco antes, precisava ser reformado e mobiliado.

Para substituí-la na Augusta Veículos, o designado foi o primogênito, Júnior, que, treinado por Marcela, se revelaria uma ótima escolha.

Em abril de 1999, o casamento com Soraia acabou.

O copo de Coca-Cola repousava à sua frente, apoiado sobre um descanso fosco e redondo de papel ou cartolina. Soraia sentiria o golpe, ainda que, havia muito, a relação dos dois se resumisse à amizade. Os filhos certamente o recriminariam. A decisão, no entanto, estava tomada. O copo de Coca-Cola quase transbordava em cima da mesa.

– Vou me mudar pro apartamento da Tomás Bastos essa semana.

– Mas vai de vez ou por uns dias?

– É diferente agora, Soraia. A gente já conversou. Tu pode contar comigo, pode ficar despreocupada. Mas as coisas mudaram.

– O apartamento lá não tava alugado?

– Já saíram.

– Eu vou fazer uma faxina pra você.

– Não tem necessidade.

– Deve estar sujo. Deixa a chave em cima da mesa que eu vou lá. Vou me deitar. Até amanhã.

– Boa noite, filha.

Soraia rezou a noite inteira. Deveria ter dito algo mais? Deveria ter dito que o amava? Não adiantaria. As frases entrecortadas eram uma despedida. No dia seguinte foi até o apartamento e o arrumou, como prometido. Ainda perto, ainda sua mulher. Sempre soube que o marido a traía. Sabia de Marcela. Mas ele sempre voltava para casa. Daquela vez, não. Era mesmo diferente.

Sila saiu com a roupa do corpo. Durante as primeiras semanas, Soraia, preocupada, fazia o jantar e o levava para a Tomás Bastos.

Ao voltar para casa, sentava ao lado dos filhos, saudosa.

O novo século não viu a família na Avenida Nazaré. A Avenida Nazaré, como qualquer decisão tomada pela emoção, fora um erro. Um fracasso. Igor se metera com uma turma barra-pesada, querendo dinheiro rápido, fácil. Will, o caçula, comportava-se como seus amigos ricos, a nobreza de Belém. Cleysson revoltara-se com a disciplina paterna – adolescente, não podia sair de casa à noite – e desertara. Deixou-se dominar pelas drogas.

Para ele os meninos, um a um, em graus e estilos distintos, haviam se deslumbrado. Perdido o controle. Esquecido quem eram e de onde tinham vindo.

Vendeu o apartamento sem consultar ninguém e, por meses, afastou-se de todos. Mandava dinheiro para Soraia, pagava as contas e só. O distanciamento não foi bem compreendido pelos filhos, ainda que aceito por ela, resignadamente.

No entanto, a decepção foi se abrandando. Primeiro voltou a falar com Will, depois com os outros dois. Cleysson melhorou, pouco a pouco. Igor acabou tentando a sorte com um táxi.

O novo século teria sede em Manaus. Com Marcela. Fizeram um acordo. No papel. Ela comprou parte dos ativos da empresa, em parcelas pagas com o lucro do negócio. Aceitou as condições e o método por ele determinados. Tornou-se independente e entrou para duas faculdades.

Entendiam-se perfeitamente na administração. Eram apaixonados. Nem por isso as brigas deixavam de ser constantes, causadas sobretudo por um motivo que, ao contrário do século, de novo não tinha nada: a infidelidade dele.

Em junho de 2001, o aniversário de cinquenta anos de Sila foi marcado por uma grande festa organizada por Marcela. A família de ambos estava presente e bem. Problemas existiam, claro, mas tudo estava nos eixos. Sentia-se realizado. Feliz até.

Por enquanto.

Epílogo

Tudo acaba

Vinte e dois de janeiro de 2014. Ela amanheceu mole. Quase transparente. Sila esperou até o meio-dia para tirá-la da rede, o único lugar onde Augusta conseguia dormir. Imaginava encontrar alguma resistência, mas ela não tinha mais forças para tanto. Foi quando soube que estava acabando. Sua mãe estava morrendo.

Nos anos 2000, o império do táxi já tinha sido feito. Mas não conseguia parar, nem que quisesse. Sem o risco, nada valia a pena.

Ao expandir suas lojas, tomou gosto pela construção civil. Acostumou-se a frequentar e planejar obras, da pedra fundamental à decoração. Perguntava-se como seria pôr em pé algo maior. Veio então a construtora.

Em 2002, fundou a SMC, em parceria com o arquiteto Jorge Monteiro e o empresário Marcos Carvalho. Seu primeiro investimento foi encarado com ceticismo no ramo, ainda que seus sócios tivessem experiência. Sacramento era um bairro desvalorizado, que não se prestava, decretavam, ao tipo de prédio que a SMC imaginava – apartamentos espaçosos, material de alta qualidade, mobília sofisticada. O Edifício Versace seria um peixe fora d'água. Para piorar, decidiu, sem a concordância dos sócios, que não venderia os apartamentos na planta, só quando estivessem totalmente prontos.

A SMC se viu assim obrigada a financiar a construção antes de ter em caixa um centavo sequer, sem garantia alguma. As brigas com Monteiro e Carvalho tornaram-se constantes. Centralizador, Sila se metia em todos os aspectos da obra. Além de impor o inusitado modelo de negócios, determinava inúmeras correções, encarecendo o projeto. Cuidava obsessivamente de cada detalhe, esquecendo-se dos custos. Em dado momento, terminar o prédio do jeito que queria passou a ser mais importante do que ganhar dinheiro. Os sócios não concordaram e ele tirou-os da construtora.

"E se dessa vez tivesse errado a mão?", perguntava-se. Se tivesse errado, ia segurar a onda. Quem tem medo de perder já perdeu. Foi até o fim, bancando parte da construção com seu patrimônio pessoal, e conseguiu vender todos os apartamentos. Não teve prejuízo nem lucro. O bairro se valorizou, como sabia que aconteceria. A construtora se estabeleceu. Se o produto for bom, vende, regra que conhecia desde os tempos de lanceiro.

Dois grandes empreendimentos sucederam o Versace – cujo nome, Sila afirmava, era uma referência a sua versatilidade. O Zahir, na mesma região, batizado em homenagem a um livro de Paulo Coelho, e, mais tarde, o Três Coqueiros. Esse em área ainda mais pobre, a

Passagem Bom Jesus. No balneário onde passeava com a família, o Mosqueiro, fez um condomínio de luxo. Outros edifícios menores também foram construídos e vendidos, num total de sete. Contudo, a construtora não o encantou. Nem aos filhos, como chegou a esperar. Júnior tocou o barco, protocolarmente, Sila foi se limitando a supervisionar os balanços. A sigla transformou-se de "Sila – Monteiro – Carvalho" em "Só Muita Coragem". No tom épico do qual gostava. No íntimo, ele a chamava de só mais uma aposta.

Pôs Augusta na cama e chamou uma das enfermeiras de plantão. Mariana. Pulso e respiração indicavam que era questão de horas, no máximo. Ligou para a médica, que transmitiu a Mariana os procedimentos finais. Tudo seria conduzido na espécie de UTI particular em Três Coqueiros. Durante os dois anos em que conviveu com o câncer na boca, Augusta recusou-se terminantemente a ir ao hospital. Para que a mãe aceitasse o tratamento, Sila construíra uma casa adaptada no bairro onde ficava um dos prédios da SMC e os imóveis que dera aos irmãos. A casa consistia em um quarto com todos os equipamentos necessários, uma sala de espera, uma pequena cozinha e uma capela. Trouxera para lá os objetos que pertenciam a ela.

Seguindo as recomendações da enfermeira, manteve fechados os olhos e a boca de Augusta, cheia de feridas causadas pela doença. Após a morte, explicou Mariana, o corpo rapidamente assume um rigor definitivo. Sila queria que a mãe fosse enterrada com a expressão serena. Em paz.

Em 2005, a busca por novos caminhos levou-o mais longe. Após atravessar o Brasil por décadas, inicialmente no crime e depois como empresário, finalmente conheceu o exterior. Em novembro, convencido por um amigo de longa data, o pastor Moshe Ambrosiano, viajou com ele para Nova York e Miami.

Em Miami, Sila obrigou o pastor, que arranhava o inglês, a conseguir informações sobre condições de aluguel e venda de apartamentos, na própria cidade e no entorno. Antes de voltarem ao Brasil, pegaram a estrada em direção aos parques temáticos de Orlando e ao Kennedy Space Center, da Nasa, em Cabo Canaveral. De onde o homem partira para a lua.

Animado com a experiência, em junho de 2006, dessa vez na companhia de Marcela, foi à Alemanha para a Copa do Mundo. Assistiram à estreia da equipe de Parreira e Zagalo e depois cruzaram o país de carro. Daí pra frente não parou. Itália, França, Suíça, Bélgica, Espanha, Portugal, Japão, Filipinas. Teve a certeza de que seu futuro estava lá fora.

Ficou muito amigo de um alemão, marido da filha de uma funcionária sua, em Belém, por isso cogitou, inicialmente, criar uma empresa em Berlim. Chegou a pedir a ajuda do amigo para buscar a cidadania alemã, mas se inclinou pela proximidade com os Estados Unidos. Começou a estudar o mercado imobiliário da Flórida e as oportunidades comerciais. Entre 2006 e 2009, conduziu os negócios no Brasil sempre com um pé nesse objetivo. Viajando e tateando. A hora viria em 2010, motivada por um empreendimento fracassado – e em outro continente –, mas que o convenceu a dar o passo seguinte.

Era a sua segunda Copa do Mundo.

Augusta morreu às dezesseis horas. Suspirou três vezes e morreu, sem nenhuma agitação, sem nenhum movimento. Sila segurava a sua mão.

Pediu que as enfermeiras limpassem o corpo e foi com a médica ao hospital receber o laudo a ser apresentado para a polícia e a funerária – medida obrigatória quando a morte ocorre em casa. Fez os acertos para a cerimônia. Queria que a mãe fosse coberta de rosas brancas e vermelhas. Tudo conforme o planejado.

Ao se despedir, as feridas e o cheiro do câncer que a devorava haviam desaparecido. No caixão estava Dona Augusta, como se lembrava de ver, criança, mandando-lhe sair da rua e vir jantar, acendendo o fogão, pondo a mesa, contando moedas para comprar comida no dia seguinte.

Ela foi enterrada no cemitério Recanto da Saudade. Quando o caixão foi fechado, sentia mais alívio do que tristeza. O sofrimento da mãe finalmente acabara.

* * *

Em 2010, assistiu a apenas um jogo. Brasil *versus* Coreia do Norte. Um frio terrível em Johanesburgo. No dia seguinte, resolveu conhecer Moçambique, onde o pastor Ambrosiano, novamente seu companheiro de viagem, ficara de 2000 a 2004, numa missão da Igreja. Mais do que a pobreza que motivara a estada do pastor na missão, chamou a atenção de Sila a quantidade de táxis que via nas ruas da capital do país, Maputo.

Passaram algumas tardes circulando pela cidade, e Ambrosiano apresentou-lhe uma missionária brasileira e seu marido, moçambicano. Papo vem, papo vai, Sila perguntou ao rapaz se ele tinha interesse em tentar a profissão de taxista. Meio ressabiado, o moçambicano respondeu que sim, mas que não tinha dinheiro. *No problem.*

Continuaram a viagem de carro até Durban, de volta à África do Sul, cortando a Suazilândia, num perigoso percurso de 550 quilômetros. Em Durban, encomendaram dois Toyota que foram levados para Maputo e entregues ao marido da missionária. O acordo era que ele entrasse no mercado, quitasse o valor dos veículos e abrisse espaço para que Sila montasse uma frota na cidade.

Não deu certo. O taxista moçambicano ficou em contato por algum tempo e depois sumiu. Os Toyota possivelmente ainda estão rodando pelas ruas de Maputo. Entretanto, o investimento foi duplamente simbólico. Por um lado porque a aventura atiçou definitivamente a intenção de consolidar um empreendimento fora do Brasil. Por outro porque fez Sila entender que sua época aumentando frotas de táxi havia terminado.

Naquele mesmo ano de 2010, entrou na Flórida disposto a ficar. Comprou dois apartamentos em Deerfield Beach aproveitando a baixa do mercado imobiliário pós-crise financeira. Dificuldade de crédito para os americanos, preços baratos para quem confiasse na recuperação de valor posteriormente. Ele confiou.

Fez amizade com uma corretora e com um gerente de banco brasileiros na região, virou parceiro de um português de uma loja de decoração em Miami, associou-se a empresas de construção. Reformou e mobiliou os apartamentos, que, já em 2011, vendeu pelo triplo do que havia pago. Usou o lucro, somado a um financiamento, para adquirir outros quatro. O mesmo processo, só que desta vez, no lugar de vendê-los, alugou-os. Em 2013, contava com doze imóveis na área, fora o seu próprio. Uns alugados, outros sendo reformados para a venda.

Acordou às cinco da manhã, um dia após o enterro. Marcela não tinha vindo. Ligou para Júnior e Will, mas os telefones deram caixa postal. Tentou Soraia. Não tinha a menor ideia de para onde ia, mas precisava sair de casa.

Vinte minutos depois tocou o interfone do apartamento. Trancou a porta e pegou o elevador. Tremia da cabeça aos pés. O carro de Soraia estava parado na frente do prédio. Ao sentar no banco do carona e olhar para a ex-mulher, desabou. O alívio que sentiu no enterro sumiu. Com Augusta morta, tudo perdera o sentido. De repente. Sentiu-se completamente sozinho. O Sila que tinha resposta para tudo jamais voltaria a existir. Quem ficaria no lugar dele? Não fazia ideia. Era, naquele instante, só um cara vazio sentado no carro. Chorou convulsivamente. Soraia ficou em silêncio.

Os dias sucederam-se. Na ex-UTI de Três Coqueiros, montou um memorial para Augusta. Manteve o local como estava quando ela morreu, com todos os seus pertences. O memorial passou a ser um local de encontro com os irmãos, filhos e amigos.

O avião decolou de Belém para Miami. Esperou os sinais luminosos se apagarem e desafivelou o cinto de segurança. Marcela não estaria no aeroporto para buscá-lo. Após meses de brigas, afastamentos e mais um capítulo de traição, separaram-se. Tudo muda. Ele precisava mudar.

Houve o tempo em que reagia aos desafios com uma faca. Cortando rostos, decepando orelhas. Em que a violência era a única linguagem possível. Houve o tempo em que só importava o trabalho, só importava mandar. Em que a desobediência era punida sem piedade. Em que não havia espaço para recuar, para pedir desculpas. Houve o tempo em que não se arrependia ao machucar quem amava, como machucara Soraia. O tempo em que não confiava em ninguém, nem nos filhos. Em que não aceitava ser chamado de empresário. Em que era apenas o ex-ladrão. Houve o tempo em que achou que Marcela aguentaria tudo e ficariam juntos. O tempo em que ele era eterno. Invencível.

Esses momentos, cada um deles, tinham passado.

Agora, enquanto o avião levantava voo, tentava decifrar o que o futuro lhe reservava. Quem sabe não podia se aposentar e deixar os negócios com a família? Ficar em hotéis caros, ter motoristas, acordar tarde. Ser o cara despreocupado que aproveita o dinheiro, como Marcela tanto pedira. Ficar definitivamente nos Estados Unidos, com os apartamentos que alugava, vivendo de renda. Quem sabe?

Olhava pela janela, o céu aberto, a lua branca, pálida. A vida inteira tinha se reinventado. A vida inteira quis ser diferente. Pela mãe, por si mesmo, para provar a todos que não era só mais um. Talvez fosse a hora de parar. Talvez fosse normal que acontecesse assim. Normal ficar cansado.

Pensava nisso e se acomodava na cadeira, os braços recostados, o sono chegando. Ao dar uma última olhada pela janela, as pálpebras pesadas quase se fechando, ouviu uma voz irônica, uma voz que conhecia bem, há muitos anos. A voz disse, divertindo-se:

– Danem-se os normais.

Sila sorriu, antes de adormecer.

2ª reimpressão	Julho de 2015
papel de miolo	Polen Sof t 70g/m²
papel de capa	Cartão Supremo 250g/m²
tipografia	Adobe Garamond Pro